大学はもう死んでいる？
トップユニバーシティーからの問題提起

苅谷剛彦　Kariya Takehiko
吉見俊哉　Yoshimi Shunya

a pilot of wisdom

目次

はじめに　吉見俊哉 ―― 8

第一章　問題としての大学 ―― 13

東大が「蹴られる」時代／二〇年前の本でも通用する／キャッチアップ型人材育成の限界／成長の限界と多面的な近代／新自由主義と自己責任／タコつぼを脱せない日本社会／規制緩和と大学の自滅／護送船団方式の中で蠢く戦国時代／失敗の理由は改革の不徹底にある？／問題発見型の学生はどうすれば育つのか／カレッジは多様で安定した居場所／世界の大学人が最重要視していること／

インセンティブを高める仕組みをどうつくるか
コラム　混乱、変動をどう見るか　苅谷剛彦　54

第二章　集まりの場としての教室――57

学部生のレベルはハーバードも東大も同じ／
日本の学生が「世界一勉強しない」理由／
大学とユニバーシティーの決定的な違い／オックスフォードの贅沢な仕組み／
「吉見俊哉を叩きのめせ！」／先行研究がないなどあり得ない／
チームティーチングへの移行が鍵／
日米でまるで違うTA概念／お金以上のインセンティブ／
日本の教育改革は古い温泉旅館に似ている／教室の外にあった学びの場／
世界中の大学で同時発生している問題
コラム　大学入試が大学問題なのか　吉見俊哉　104

第三章　社会組織としての大学 107

大学組織をめぐる二つの問題／教授中心の大学から卒業する／疲弊する若手教員たち／大学が生き残る二つの道／日本の大学にはユニバーシティーがない？／大学の中にある「村の寄り合い」／前例主義は覆せるのか

コラム　アソシエーションとコミュニティー　古くて新しい問題　苅谷剛彦　136

第四章　文理融合から文理複眼へ 139

文系学部廃止論とはなんだったのか／文系こそが「役に立つ」／文系を軽視する日本社会の陥穽／微分的思考の理系と積分的思考の文系／レトリックの重要性／歴史が浅い文系・理系の区分／文理の分離を超える？／ＡＩは人間にとって代われない／人類の知の集積に恐れおののく／文系の言語、理系の言語

コラム　アカデミック・キャピタリズムを内破する知　吉見俊哉　172

第五章　グローバル人材――グローバリゼーションと知識労働―― 175
グローバル化という巨大なモーメント／本気が感じられない「スーパーグローバル大学」／グローバル人材で必要とされる本当の能力／「外国人教員等」の「等」のトリック／「出島」化する実際の外国人教員／英語の覇権とローカルな価値／限られた成功例に見る可能性／東大独自のグローバルリーダー育成プログラム／ファンドレイジングという要因／補助金の計画主義から実績主義への転換／ポテンシャルの重要性／根底にあるべきオプティミズム
コラム　一人の力と組織の力　苅谷剛彦 231
第六章　都市空間としての大学――キャンパスとネット―― 234
キャンパスの空間と大学のバーチャル化／中世さながらの試験風景／学生生活の始まりと終わりを儀式化する／大学とメディアのねじれた関係／

近代日本における知の基盤としての出版／パーツとしての知識の輸入／帝国大学における天皇制とキリスト教／近代日本における出版の爆発／翻訳という文化変容／日本の知が世界レベルだった半世紀／図書館が集積する積分化された知／日本の知を誰が背負うのか
コラム　大学の時間はどこにあるのか　吉見俊哉　277

おわりに　苅谷剛彦――280

はじめに

吉見俊哉

世界各地から来た観光客であふれるオックスフォードの大通りから少し逸《そ》れて、この大学が誇る中世からの伝統あるカレッジの校舎に入ると、そこにはもう数百年もまったく変わらずにいる時間があった。オックスフォード大学には三八のカレッジが存在するが、その約半数は一七世紀以前に設立されたものである。つまり近代以前からそれらのカレッジは存在し、石造りの回廊や教会堂、研究室と教室を何百年も変わらぬ姿で保っている。

本書で論じていくように、オックスフォード大学の強さの根幹は、この中世から変わらずにいるカレッジ＝知的共同体としての大学と、近代に発達するファカルティー＝学部・研究科、そしてグローバル化する現代世界の中で新しい組織を立ち上げ、資金調達や対外交渉を担っていくユニバーシティーを並立させ、互いの緊張感を保ちながらバランスよく機能させている点にある。つまり、大学という組織が経験してきた三つの歴史的時間がそのまま現存し、それらの異なる時間をつなぐ仕組みを発達させているのである。

東京大学を去って長くオックスフォード大学で教えてこられた苅谷剛彦氏と対談で本をつくってみたいと思うようになったのは、二〇一七年から一八年にかけて、私が約一年間、ハーバード大学で教える経験をする中でのことだった。たった二学期ではあるが実際に授業を担当してみることで、私は東大とハーバード、というか日本の大学教育と米国の大学教育の間にある質的、構造的な差を実感した。本書で何度も強調するように、この差は学生のクオリティーの差ではまったくない。そうではなく、大学についての根本的な考え方、そこから来る授業をそもそも成り立たせている制度的な仕組みの違いである。

すでに私は、ハーバードでの経験から考えたことを、同じ時期にアメリカ社会を大混乱に陥れていた（今も陥れている）トランプ政権についての経験談と併せ、『トランプのアメリカに住む』（岩波新書）にまとめている。米日の大学間にある距離が、単に資金とか英語力の問題ではなく、むしろ大学に対する根本的な理解にあることを、そこでは具体的な経験として示したつもりである。本書の対談が示すように、ハーバードとオックスフォードの間には、同じ英語圏のトップユニバーシティーでも、一般に思われている以上の違いがある。とりわけ、ハーバードのカレッジ＝学寮を基礎にした学部とオックスフォードのカレッジは同じではない。だが、両者の共通性もまた大きく、とりわけそれは大学が学生の何を育てるところであるかについての理解に集約される。大学が単に専門知識を学生に詰め込む機関ではなく、専門知に基づいた知的想像力を育む空間であるのなら、そこでの教育はいかに営まれなければならないのか。――この点についての英米の大学の認識は一致しており、おそらく日本の大学だけが世界の中でも例外的に逸脱している。

『大学はもう死んでいる?』という本書のタイトルは、疑問形で語られる。もう死んでいるのか、まだ死んではいないのか、答えは確定していない。瀕死《ひんし》の状態なのは日本の大学だけでなく、世界の多くの大学で、とりわけ人文社会科学系の学問は厳しい状況に置かれている。そしてこの困難は、中世都市のネットワークを基盤に一二、一三世紀に誕生した第一世代の大学が一七、一八世紀には衰退に向かい、やがて一九世紀にフンボルト原理(研究と教育の一致)に基づく第二世代の大学の誕生を迎えるという歴史の中で考えられなければならない。今、瀕死の状態にあるのは近代国民国家を基盤としたこの第二世代の大学であり、そこで発達した近代知である。そして問題は、この瀕死の先にある再生、未来の地球社会の中での第三世代の大学の姿を、私たちがまだ知らないことにある。

だが、本書が明らかにしていくように、それ以上に深刻な問題もある。それは、私たちが当たり前のように受け止め、戦後は約五〇校から約八〇〇校にまで大増殖させてしまった日本の「大学」が、どうやら世界的に通用するユニバーシティーとはかけ離れたものになっている現状だ。実際、戦後の日本は、それまで世界的な水準だったかもしれない旧制高校＝カレッジを占領期改革で潰し、技術立国のための専門教育に邁進《まいしん》し、昨今ではユニバーシティーの機能と「学長のリーダーシップ」を取り違えている。多くの大学教員は、カレッジもユニバーシティーも脆弱《ぜいじゃく》な中で、唯一の安心できる居場所として今もファカルティー＝学部・研究科に固執している。もちろん、これは大規模総合大学に限った話で、中小の私立大学では、学長や理事長の「リーダーシップ」が他を圧している場合もあろう。いずれの場合も、日本の大学ではユニバーシティーが未発達である。

要するに、日本の大学は二重の意味で「もう死んでいる」かもしれないのであり、問題の根は、一般に考えられているよりもはるかに深いのだ。この日本の大学の絶望的な谷間から脱出する方法は簡単ではない。逆転スリーランホームランのような決定打があるわけではないからだ。しかも問題は折り重なり、絡まりあっている。しかし、オックスフォードと東大の、あるいはそこにハーバードも加えた比較の中で、日本のトップレベルの大学がなかなか抜け出せないでいる問題の根幹を浮かび上がらせることはできるはずだ。

そうした思いから、本書では六つの補助線を引いて対談を進めた。第一は大学改革、第二は授業、第三は職員、第四は文系と理系、第五はグローバル化、第六はキャンパスである。苅谷氏と私は、英米の大学と日本の大学の間には、とりわけ授業と職員のあり方で決定的な違いがあると考えている。それがどんな違いなのかを、対談では詳しく論じた。

他方、文理の関係やグローバル化の問題は、ここ数十年で世界中の大学が直面するようになった課題である。しかし後者について、英語圏の大学は非英語圏の大学に比べて特権的に優位な立場にある。また、専門分野で縦割りにならないカレッジの仕組みを残している英米の大学は、新しい複合的な知を育む未来への基盤をすでに備えている。これらの条件を多くが欠いているという意味で、日本の大学の困難はさらに大きい。

第一章以降の対談は、この困難に向けて開かれる。四日間にわたる対談は、オックスフォード大学の中の苅谷教授室で行われた。片側の窓がサンルーフのように天井まで開き、日光が燦々《さんさん》と注ぐ部屋だった。対談の合間には、私たちは中庭や、時には近くの川辺の牧草地を散歩した。オックスフォードはそれなりの規模の都市なのだが、建物だけでなく川辺の自然も、数百年の時を超えて残されていることに感銘を受けた。この大学の学問的卓越性の基盤は、こうした長い時間的持続の大切さを人々が共有していることにある。

第一章　問題としての大学

東大が「蹴られる」時代

吉見　最近、東京大学に合格して、なおかつハーバードやプリンストン、イエール、オックスフォードなど英米のトップユニバーシティーにも合格するという学生が少しずつ増えています。「東大新聞」が彼らにインタビューして「蹴られる東大」というシリーズをオンライン版で連載していたんですが、これがなかなかおもしろい。「東大受験はアメリカの大学の受験を許可してもらえるよう親を説得するための条件だった」「アメリカの大学では全落ちの可能性もあったため、浪人を避ける意味合いもあって、東大を滑り止めとして受けた」「東大へ半年でも行っていろいろコネクションをつくっておいたほうがアメリカの大学を卒業して帰国した時、就職に有利だろうと判断した」など、東大の教員にとってはショッキングな発言がたくさん出てきます。
インタビューでは、四月からの半年間で経験した東大の教育とその後のアメリカの大学の教育とを比較していろいろなことが言われています。次章でそのあたりのことを具体的に議論していきたいと思いますが、苅谷さん自身も、東大で教鞭《きょうべん》をとられた後、オックスフォードに移ったという経歴をお持ちですね。

苅谷　アメリカ留学から帰ってきて一九九一年から東大で一八年間くらい教え、その後、オックスフォードに移りました。オックスフォードに定年までいるとすると一五年ほどいることになりますから、東大とオックスフォードで、それぞれ同じくらいの年月を過ごすことになりますね。

吉見　僕は一九八七年にかつての東大新聞研究所に助手で採用され、一九九〇年に助教授になりましたから、苅谷さんと同じ頃に東大で教え始めています。その後、九〇年代に約一年、メキシコで教えたのを別にすれば、ほぼそのまま三〇年間ずっと東大に居残っていました。しかし、二〇一七年八月から一年間、ハーバードで教えることを体験して、東大とハーバードの教育システムの決定的な違いをいろいろと実感したわけです。
苅谷さんはご自身のアメリカやイギリスでの経験を踏まえ、『アメリカの大学・ニッポンの大学』『イギリスの大学・ニッポンの大学』（共に中公新書ラクレ）などで以前から日本の大学の問題を提起されています。東大と英米の大学との違い、そこに横たわる日本の大学の問題とは何かということを、本書でぜひ苅谷さんと考えてみたいと思っています。

まず、僕がハーバードで教えながら感じたのは、過去三〇年間、日本の大学は、英米のトップユニバーシティーとの差を縮めようとさまざまな教育改革をしてきましたが、その差は縮まるどころかむしろ開いたのではないかということです。

苅谷　まったく同感です。

吉見　それを証明するかのように、この三〇年間で、東京大学は中国の北京《ペキン》大学や清華大学、国立シンガポール大学などのアジアの大学との差を縮められ、追い抜かれていきました。つまり、世界の中での日本の大学ということで言えば、日本の大学の地位は相当沈下してしまったし、内実としても劣化したということは否定できません。

二〇年前の本でも通用する

苅谷　実は、『アメリカの大学・ニッポンの大学』は東大で教えるようになった直後の一九九二年に別の出版社から出した本の改訂版で、一章だけ新たに書いたものに入れ替えました。ですから、新書版の刊行は二〇一二年ですが、中身はそれより二〇年前の本なんです。

吉見　逆に言えば、苅谷さんは既に一九九〇年代初頭からアメリカの大学と日本の大学の質的な差を感じていたということですね。

苅谷　あの本には、アメリカの大学で自分が学生や客員教員として経験したことを今度は日本の大学で教える側になってどうだったかという体験を書いています。間違ったかたちでアメリカの大学のやり方を取り入れようとしている日本の動きに対して警告しなければ、という気持ちがありました。

たとえば、吉見さんの『トランプのアメリカに住む』にも書かれていたシラバスやTA（Teaching Assistant）の問題です。日本に帰ってきた頃、一九九一年の「大学設置基準の大綱化」（「大学設置基準の一部を改正する省令の施行等について」）に結びつくものとして、日本の大学をグローバル化するためにアメリカの真似《まね》をしようという動きが出てきていました。しかしこれは、いわば小道具的にシラバスやTA、オフィスアワーを取り入れるということで、大きな制度改革が行われたわけではありません。日本の大学とアメリカの大学では制度や組織、授業のやり方や大学教育の哲学などコンテクストがまったく違うのに、それらを急に導入しても誤解されるに決まっています。シラバスで言えば、日本のシラバスは講義の内容紹介に終始するようないわば要綱にすぎず、僕に言わせれば、このようなものはシラバスとは言えない。

吉見　おっしゃるように、シラバスだけでなくアクティブラーニングもGPA（Grade Point Average）も、日本の大学はアメリカのやり方をずっと小道具として、しかも誤解を含んで取り入れ続けてきました。そういう小道具を入れることで、大学をグローバル化しようとしたわけです。しかし、一つひとつ小道具をいくら一生懸命に導入しても、根本が違うままなので部分の総和がアメリカとはすっかり違うものになってしまう。

苅谷　大学の問題は僕の研究のメインストリームではないんですが、大学教員として大学教育をなんとかしないといけないという意識もありますし、実はシラバスやTAのような小道具から日米の大学の制度や組織、哲学の違いが鮮明に見えてくるんです。表にあらわれている現象だけではなく、その裏にあるコンテクストや歴史を見ていくと、非常に興味深いことがわかってきます。

吉見　そのあたりのことを、これからこの対談で深めていきたいですね。

苅谷　せっかくオックスフォードで議論しているので、オックスフォードやケンブリッジといった大学がイギリス社会においてどういう存在なのか、ということを少し話しておくと、イギリスでは大学は権威というより敬意を払われている存在なんです。エリート主義の容認という、いわば階級的分断を大前提にしている話なので日本の戦後民主主義的な考え方とは少し対立しています。そもそも大学は近代国家より先に存在していて、近代国家を建設するにあたり、実際に大学が養成してきた人たちが大きな役割を果たしてきました。これは、日本の大学との決定的な違いですが、そういう経緯もあり、イギリスでは、大学は社会から信頼されているんです。

日本ではまったく逆で、戦前のある種のエリート主義的大学像の残滓《ざんし》もあり、戦後に新制大学がつくられた時からずっと、いわば「大学性悪説」が唱えられ、「大学は社会の変化が求めるものに対応できていない」という批判の対象でした。たとえば、一九六〇年代の中央教育審議会で「象牙の塔」と言われたように、社会の要請に応えられない大学という枠組みが堅固につくられてしまい、それが今日まで延々と続いています。

キャッチアップ型人材育成の限界

吉見　シラバスにしてもＴＡにしても、それから大学院そのものにしても、アメリカの大学の小道具や大道具を次々と入れていくことによって日本の大学をグローバル化していこうという動きが一九九〇年代以降に強まります。一九八七年に中曽根内閣の臨時教育審議会が最終答申を出し、日本の教育を変え、人材育成の考え方を変えるという方向性が打ち出されますが、これは、世界の構造がいわゆる冷戦体制からグローバルな新自由主義体制に変わっていくプロセスと軌を一にしていたわけです。「知識・情報を単に獲得するだけではなく、それを適切に使いこなし、自分で考え、創造し、表現する能力が一層重視されなければならない。創造性は、個性と密接な関係をもっており、個性が生かされてこそ真の創造性が育つものである」と既にその最終答申は言っていましたが、この考え方は、現在の大学改革においてもそのまま変わっていません。そして、この流れの中で、日本の大学は今までのあり方ではだめだ、もっとグローバルに戦える大学に変えていかなければならない、ということがもう三〇年も前から盛んに言われるようになっていたのです。

苅谷　当時は「国際化」と言っていましたね。

吉見　そうです。「グローバル化」という言葉はまだ普及していませんでした。苅谷さんはこうした動きを「追いつき型」「キャッチアップ型」の近代化と呼び、その限界についても論じていますね。

苅谷　キャッチアップ型の政策言説が予測困難な時代に対応できる新しい人材をつくるという方向にシフトチェンジするのは、吉見さんが指摘した八〇年代後半の臨教審です。当時は世界史的にもいろいろな意味でターニングポイントとなった時代だったわけですが、この頃の日本人はジャパン・アズ・ナンバーワンに酔いしれてマインドセットが変わり、大学というものの位置づけをもう一度見直すという動きが起きたのだと思います。

しかし、この方向転換によって、日本の大学政策における明確なゴールセッティングがなくなってしまったと僕は考えています。それまでのように日本の大学が社会の要求に合致していない現状があるということなら、どこが問題でどう改善すればいいのかという検証もできます。でも、標準や照準を未来に向けてしまったら、明確なゴールなど設定できません。そうすると、日本の大学はいつまで経《た》っても性悪説から逃れられなくなってしまうということになります。

吉見　とすると、私たちのこの議論は、少なくとも一九八〇年代半ばまで戻らなければいけない。バブル直前の日本ですね。この頃の日本では豊かな産業社会・消費社会が実現し、そのリアリティーは普通の日本人にまで浸透していました。それがジャパン・アズ・ナンバーワン、つまり自分たちはアメリカに並んだという意識を生むことになったわけです。

苅谷　しかも、ハーバード大学の先生（エズラ・ヴォーゲル）にお墨付きをもらったというのは、すごく大きかったですね。でも、彼はその後、中国に関心が移って、鄧小平《とうしょうへい》の伝記を書いていますよ。

吉見　彼は明るい性格の方で、トレンドを読むのにとても長《た》けていらっしゃるから、日本が一番威勢がいい時に「ジャパン・アズ・ナンバーワン」と言っていたんですね。

それまでの日本は、まさにキャッチアップで、近代化、産業化するという目標がはっきりしていました。その目標を達成するために工業力を高め、制度改革をし、それらを担う官僚や技術者が東大を頂点とする仕組みの中で養成されていきました。

苅谷　それから企業戦士ですね。

吉見　その通り。ですからキャッチアップ型の人材育成ということで言えば、戦前期日本の旧帝国大学や戦後の東京大学の仕組みは有効に機能したわけです。明治時代はやはり富国強兵と殖産興業ですから、西洋の科学技術を取り入れ、官僚制によって国家統治の仕組みを立ち上げていくのに、旧帝国大学の人材育成の仕組みはマッチしていましたし、戦後の国と企業が一体化した経済成長の体制においても東大が果たした役割は大きかった。しかし、大正後期や一九八〇年代以降、目標が達成され、社会が違うフェーズに移っていく時には、これから何をすればいいのか、ということに迷いが生じていたんです。

苅谷　興味深いのは、日本では経済成長が達成されたことを指して「近代化が終わった」という言い方をしますが、イギリスではまだ近代化（modernise）をし続けていますよ。近代化というのは経済や産業だけのことではなく、社会福祉制度や医療制度を完備する、人権の尊重や差別をなくすといったこともすべて近代の原則です。それをどう社会の中で拡張していくかということですから、近代は絶対、終わらないんです。ところが、日本は戦前に軍事を前面に出したことの失敗の裏返しとして戦後は経済を前面に出して、近代化を推し進めていったわけです。

吉見　敗戦を境に、軍事優先が経済優先の価値観に入れ替わったのだけれども、この両者には連続性がある。両方とも、ある種の成長主義、拡張主義なのですね。

苅谷　それがナショナリズムです。だから、経済ナショナリズムで「近代が終わった」と言っているだけであって、本来、これは一つのキャッチアップにすぎません。しかし、それで何が残ったかというと、一つは「これからは自分たちで何かゴールをみつけないといけない」という新しい課題であり、もう一つは、その中でも科学技術の開発と結びついた経済ナショナリズムは捨てきれなかったということです。「文系が役に立つか」という議論は、その観点でしか語られていなくて、あくまで「経済成長にとって役に立つか」でしょう？

成長の限界と多面的な近代

吉見　人類にとって中長期的に何が役に立つかということなら、どう考えても、文系ほど役に立つものはありません。

苅谷　経済成長だけではない、もっと多面的な近代というものを考えていたら、近代化が終わったと言って途方に暮れることもなかったし、経済成長以外の他の課題にも取り組むことができたでしょう。これは、経路依存性（path dependence）で、前史の中で社会において大学がどう位置づけられたかということなんです。目標を達成したと思っていても、その経路依存的なところが後の問題として残ってしまう。ですから、一つめの「大学はこれからどうしたらいいか」と途方に暮れる問題と、二つめの経済ナショナリズムが残った問題は、実は関係しているんです。このままデフレで経済成長しないとなれば、政策的にはずっと「何をすればいいのか」とさまよい続けざるを得ないでしょう。

吉見　苅谷さんの話を聞きながら、一九八〇年代にハーバーマスの『近代　未完のプロジエクト』（『近代　未完のプロジェクト』所収、岩波現代文庫）について活発な議論がなされていたことを思い出しました。あの種の議論がフーコーなどのポスト構造主義の擡頭《たいとう》とほぼ同時代的だった。一九七〇年代から八〇年代にかけては、ヨーロッパやアメリカの社会にとって、極めて大きな歴史の転換点でした。一方では成長の時代が終わり、ヨーロッパ社会は苦労しながら構造転換を模索していきます。他方、モダニティーは批判され、問い返され、なお追究されてもいました。一九八〇年代以降の日本は、本当はこの欧米が経験した七〇年代の苦悩や屈折を徹底的に考えなければいけなかったのだと思います。

しかも、この成長の限界に達する直前には大学紛争がありました。アメリカの場合、学生たちの運動の中で考えられたことがその後の大学改革と結びついていった部分もあったと思います。ところが日本では、紛争の結末があまりにも無惨だったことや、一九七〇年代以降も経済成長が続いたことで、自分たちは既存のシステムのままでも安泰だと思ってしまった。それによる驕《おご》りが、一九八〇年代の日本につながっていくわけです。

しかし、マクロの構造から見たら、それまで成長を支えていた市場がある時点で飽和してしまい、成長の限界に達して苦しみ始めるのは当然のことです。どんなに改善を加えたって、既存のシステムの延長線上ではうまくやれない。しかも、大学紛争で噴出したさまざまな問題提起を取り込まないで、大学改革があろうはずもない。一九七〇年代、八〇年代の日本がヨーロッパやアメリカのような苦しみを経験しなかったのは、けっして日本的経営が優れていたからでも、日本の大学が特別に優秀な人材を輩出していたからでもなく、単なる時差の問題だと思います。当時は、まだ伸びしろがあったということです。

他方、バブル崩壊以降の日本がまったく立ち直れずに二〇年、三〇年が経過してしまったというのは、構造的に日本が、かつての欧米の七〇年代的なフェーズに入っているということです。ですから、これは時間が経てば復活するという類いのものではない。

新自由主義と自己責任

吉見　一九八〇年代末、キャッチアップが終わって新しい課題が必要だと政策言説がシフトチェンジした時に、画一性や閉鎖的であること、国際性が足りない等々、それまでの教育の弊害があげつらわれていきますね。そして、これからの時代においては自立した創造性や個性あふれる人材を育てなくてはいけないという流れになっていく。ひたすら暗記させる詰め込み型の教育ではなく、個性を伸ばす教育で国際的に活躍できる人材を育てるというのがこれからの教育理念だというわけです。さらにその後、さまざまな規制緩和が起こり、「大学は自分たちで方向を決めなさい」というふうになっていきます。

苅谷　これらの規制緩和は新自由主義だと言われていますが、英米のネオリベラルがおかしなかたちで導入されてしまった日本流の新自由主義は、リベラリズムが定着していない社会で起こったという意味で、ネオリベラルとは違う。しかも、半分日本回帰が起きるんですね。

臨教審答申を書いた中心人物の香山《こうやま》健一は、中曽根内閣の教育政策を担当するブレーンでしたが、当時、彼は『英国病の教訓』（PHP研究所）という著書の中で、サッチャー以前のイギリスの国家財政が「ゆりかごから墓場まで」と言われた社会保障費で圧迫されてまったく経済成長ができていない、と論じています。その影響も受け、実際には日本の政府はもともと公共事業を除けば小さな政府だったのに、中曽根臨調では日本がイギリス病にならないためにどうすればいいかという観点から、さらに小さな政府を目指していきました。

イギリス病にならないように国の社会保障費を最小限にすると言って始めた政策がどういうものだったかと言えば、女性は今まで通りケアを提供する側として子どもとお年寄りの世話をする、年金と福祉は企業に任せるという、家族主義的、企業依存の福祉政策です。

しかし、こうした日本回帰的選択が行われた結果、非常に逆説的な展開になってしまい、小さな政府を目指して社会保障費を削ったはずが、少子高齢化が進んだ今の日本では社会保障費が一番大きいということになってしまいました。そもそも議論の出発点となる前提がおかしかったので、福祉国家を選択しなかったがゆえの大きな政府になってしまっているんです。

これと同じことが大学でも起こりました。規制緩和はしても本当の規制緩和ではないので、経済成長にも寄与できないし、方向性を見失ってしまっているというのが現状です。

吉見　私も苅谷さんも社会学者で、大学を社会の一部と考えているから、社会全般に起こったのと同じことが大学にも起こり、大学の政策も社会全般の政策の一部として考えない限りうまくいくはずがないと思うわけですね。

苅谷　中曽根臨調（臨時行政調査会）が教育政策で目指したのは、自己責任を負えるような自立した個人の養成です。臨教審での議論の中で、香山さんは、西洋的個人主義ではなく日本型の相互扶助を含めた個人を基盤にした自助自立を目指さなければいけないと主張しました。この「自助自立」は一九世紀にイギリスで書かれ、中村正直（敬宇）訳で明治初年に大ベストセラーになった『セルフヘルプ』の翻訳語です。その、いわば翻訳されてもたらされた日本文化の伝統を八〇年代に再発明しているわけです。

僕は自己責任の主体と個人主義は微妙に違うと思っているのですが、戦後の一時期、日本の教育政策でもアメリカ型の個人主義を目指そうという議論がありました。それが実現していたら、もうちょっと違う教育になっていたかもしれないと思います。

タコつぼを脱せない日本社会

苅谷　実は、日本社会の仕事のやり方は、大学が果たすべき人材育成とは何かという問題の根本です。

実際に企業人がよく言っていたことですが、戦後日本の雇用システムを大学教育と結びつけて考えると、要するに「会社が職場での実地訓練（ＯＪＴ）でやるから、大学で専門教育は必要ない」ということになります。学生に求められていたのは、学習能力があるかどうか、先輩・後輩関係の中で従順になれるかどうか、礼儀や挨拶がちゃんとできるか、忍耐力があるかということで、大学で学んだ専門的知識ではないわけです。

日本の資本主義の特徴の一つは、新卒を一括採用し、ＯＪＴで時間をかけて人材を育成する長期雇用です。長期雇用は安定した経済成長や若年層が多い人口ピラミッドを前提にしている仕組みですから、その前提が変わってきた時には、大学に求めるものも当然変わってくるはずです。しかし、今でもその仕組みはまったく変わっていません。就職戦線にしても、いまだに企業内で教育を受けてＯＪＴで出世していくタイプを前提にしています。入社した内の三分の一が三年以内に辞めてしまいますが、セカンドチャンスが与えられるのは二〇代までで、他の国のように学び直したり、より高い学歴を得て労働市場に戻っていったりするという仕組みが日本では働いていません。

吉見　まさしくそうですね。だから、日本社会の仕組みは水平的流動性が極めて低く、なかなか組織や仲間うちの壁を越えられない。その分、垂直的な流動性が高く、タテで文化が共有されている。だから、能力や業績があまりなくてもそれなりに出世していくという特徴があります。保守的なムラから革新的なムラまで、とにかくムラだらけです。

苅谷　欧米では外から優秀な人材を連れてきてＣＥＯにし、彼らトップと一般社員との給与格差は桁違いに大きい。一方、日本は内部昇進型で、新卒で一括採用された社員が社内で昇進して経営者になっていく。いわば内部の企業カルチャーを最も身に付けた人たちが出世してきたということが、日本の成功体験になっているんです。

吉見　しかし、それではやがて狭路に入るというか、タコつぼのようなそれぞれの集団のカルチャーの中で、優秀な人でも身動きがとれなくなります。これでは、プロフェッショナルが育ちません。これは、第三章の大学職員の話にもつながりますが、大学の分業化が進まないのは、ライブラリアンやアドミニストレーター（運営・経営にあたる専門職）、会計などのプロフェッショナルが育たないからです。育たないのは、人材がいないからではなく、出る杭《くい》を周縁化していくムラの文化があまりに蔓延《まんえん》しているからです。

苅谷 大学のアドミニストレーションの職員もゼネラリストになってしまうんだよね。

吉見 日本企業の強さは、大企業が系列会社に下請けをさせる垂直統合で人もモノも動き、全体としていい製品を相対的に安くつくれたことにあったわけです。しかし、九〇年代末以降、特にインターネットを基盤にしたグローバルな水平統合が起こってきたことがそうした日本の強みを崩し、バブル崩壊後の日本経済の困難を持続させていった面があります。

苅谷 同じことが、日本の教育についても言えるかもしれません。

吉見 しかも、グローバルなバリューチェーンになってしまいますからね。

吉見 韓国や中国、台湾の企業はそのグローバルなチェーンにぱっと乗って、日本企業を追い抜いていったわけだけれども、グローバルな水平性は日本社会の仕組みと真逆なんです。日本企業はいまだに垂直統合にこだわり続けて、グローバル化に対応できる水平的なシステムをつくれていません。その一方で、非常に流動性が増した社会のシステムに対応する柔軟性を確保しようと、雇用を正規と非正規に分けた結果、階級格差が急拡大してしまいました。九〇年代末以降、そういう非常にゆがんだ社会がつくられ、それが少子化が止まらない要因の一つとなっています。

苅谷　日本企業の閉鎖性は今のほうが強まっているでしょうね。「ジャパン・アズ・ナンバーワン」は、企業の長期雇用とある種の人口ピラミッド、それから一つの企業、あるいは企業グループの中でビジネスが完結する仕組みだからこそ可能であったわけです。それが崩れてきて、コアの部分を守ろうと非正規職などの「周辺」を拡大することで雇用調整をしてきたけれども、非正規の低賃金の人たちは将来の安定性を確保できないから少子化になるし、日本経済は輸出依存型ではなく内需依存型経済なのに消費が活発にならないから景気は悪いままです。まさに悪循環のトラップにはまってしまっています。

大学教育に話を戻すと、根本的な問題は、日本という社会において組織の中で個人主義化した仕事の中身を明確にし、スキルによって分けていくことができるのか、ということだと思うんです。つまり、「この仕事はこういうものですよ」というスキルをはっきりさせて、そこに人が入っていくという欧米型に立て直していく方向に持っていけるのかどうか。

吉見　標準化と分業化は表裏ですね。これはぜひ、第三章で議論を進めましょう。

規制緩和と大学の自滅

吉見　臨教審は、当時は「国際化」と言われたグローバル化に耐え得る新しい人材の育成を推進しようとしたわけですが、実際にやってみると、そう簡単にできることではないということが次第にはっきりしてきます。二〇〇〇年代の後半までに、「一八歳人口の激減」「グローバル競争の激化」「デジタル革命による社会構造の変化」という三つの変容に直面し、大学を取り巻く状況は一層厳しさを増していきます。

大学をめぐる政策言説にも悲壮感が漂ってくるのですが、先ほど苅谷さんがおっしゃったように、九〇年代以降の新自由主義的大学改革政策は、目指したことと反対の結果を繰り返し生じさせています。たとえば、九一年に大学設置基準の大綱化が行われ、教養教育が規制緩和されましたが、専門教育との敷居をなくしたことで、大学の先生たちは自分の得意な専門ばかりを教えるようになり、教養教育の弱体化を招いてしまいました。

また、日本の大学にグローバルスタンダードの大学院をつくろうということで大学院重点化をしたのに、大学院自体が劣化して院生のレベルががくんと落ち、その上、修士号や博士号を取っても就職口がないという事態が続いています。よりグローバルにやっていける大学をつくろうとした二〇〇四年の国立大学法人化にしても、外部資金を獲得しやすい工学系や医学系など稼げる学部・学科とそうでない貧しいところの格差が拡大しました。それだけではなく、外部資金獲得に奔走せざるを得ない大学教員たちは研究に割く時間もエネルギーも奪われ、大学の知的生産力そのものが落ちてしまったのです。

もう一つ致命的だったのは、九〇年代以降、一八歳人口の減少が始まったにもかかわらず、大学や学部が増え続けたことです。新制大学発足時は約二〇〇校だった日本の大学は、その後、ベビーブーム世代が大学生となった一九六〇年代末までに三八〇校くらいまで増えます。ここまでは人口増に対応した増加です。そしてこれが八〇年には約四五〇校、九〇年には約五〇〇校となりますが、その後の人口減の中でも大学数は増え続け、二〇〇〇年に約六五〇校、二〇一〇年に七八〇校くらいにまで増えます。

一八歳人口がどんどん減っているのに大学数も入学定員もどんどん増えたわけですから、熾烈《しれつ》な志願者の奪い合いを制しようと、志願者へのマーケティングが盛んになっていきました。それが最もよく表れている現象は学部名称のカンブリア紀的大爆発で、一九九〇年から二〇一〇年までの二〇年間で九七種類から四八二種類にまで急増しています。より「売れ筋」の名前にしようと「ヒューマンケア学部」「現代ライフ学部」「ライフデザイン学部」「シティライフ学部」など、イメージ先行の学部名が乱立し、もはや大学は学問の場という以上にサービス産業化してしまっているようです。しかし、これがそもそも大学改革政策が目指したことかと言えば、けっしてそうではないでしょう。

苅谷　九〇年代以降の改革路線における明らかなトレンドは高等教育予算が減らされたことで、運営費交付金を一パーセントずつ、一〇年間で一〇パーセント減らして、それを競争的資金に回すという仕組みに転換しましたが、これは特に国立大学で顕著でした。

吉見　年一パーセントでも急激な変化なのですが、それでもサッチャー以降のイギリスの大学予算の減らし方に比べたら、相対的になだらかな変化でした。この激しさとなだらかさの差は、その後の大学の変化に影響を与えたのではないでしょうか。

苅谷　サッチャーの時はイギリスの大学からカナダやオーストラリアやアメリカに先生たちが逃げていきましたから。でも、日本からは誰も出ていっていない。

吉見　日本の大学の先生は英語がそんなにできないから、出たくても出られない。そんな理由もあるような気がしますが。

苅谷　そうですね。

吉見　それに加えて、先ほどの話にも出た、大学も含めた日本社会全体の水平的な流動性の低さが根幹にあると思います。私自身もそうですが、東大の先生になるとそこからもう動かなくなってしまう。国際的に見ても、日本の大学の先生が海外に行く流動性はすごく低いわけです。もちろんこれは社会全体がそうだから大学もそうならざるを得なくなっているというところがあります。大学を変えていくということは日本の社会全体の水平的な流動性の仕組みを変えていくこととリンクしているように思います。

護送船団方式の中で蠢《うごめ》く戦国時代

苅谷　これは議論を活発にするためにあえて行うコメントですが、当時もっとドラスティックな改革を目指す人たちもたくさんいましたよね。ある意味では、文部科学省はそれにブレーキをかけて一種のソフトランディングをしようとしたとも言えるんじゃないでしょうか。

吉見　急進的に大学を変えてしまえという特に右派の主張を、文科省は水面下で必死に防いできたと思います。特に国立大学法人化はそうですね。小泉政権の時には「国立大学を民営化しろ」と入試も授業料も完全自由化する動きがありましたが、国立大学法人化は自由と言われてもどこまで自由なのかがよくわからない曖昧な妥協策になっています。

苅谷 あの時は、私学からも猛反対されました。

吉見 政府もけっして一枚岩ではなくて、「もっと新自由主義を徹底させろ」という人たちもいれば、「もうちょっとこれまでの連続性を保とう」という意見もある。その多面性を見ていかなければならないと思います。一枚岩でないのは、大学も同様です。大学の体力ということから言えば、東大や京大、阪大は私立になってもやっていけますね。ただその場合は、私立上位校がいろいろと割を食う可能性がある。私立が有力国立大学以上に国立大学民営化に猛反対するのは当然です。他方、国立大学の中には私立ではやっていけないし、地域の公共性と結びついていて私立になるべきではないところもある。

苅谷 東大は独自の主張をし始めるし、大学院重点化だって先陣きってやってしまうわけだからね。文科省の掛け声の下、みんな一緒に護送船団方式でやっているわけじゃない。

吉見 ある意味、どこもかしこも分裂していて戦国時代みたいですよ。だから、大学の価値とは何か、大学は何をプリンシプルに、あるいはどこを目指してお互いにどう手を結んでいくかということがすごく重要です。今の大学は、外も内も、仲が良さそうに見えて実は対立していたり、対立しているように見える相手同士が実はけっこう連携できたりとさまざまです。ただ、どういう軸を立てるのかを明確にしていかないと、南北朝の動乱のように基軸が見失われ、もう収拾がつかないということになってしまいます。

苅谷　分裂している中でも、だいたい、三パターンに分けられますね。改革派とそれを防ごうとする人、それを見ながら「できれば何もしなくていい」という人と。

吉見　基本的には、その通りです。

苅谷　三番目が一番多いんですよね。逆に一番少ないのは、がんばって改革する人たちで、それに反対するのも相当エネルギーがいるから多数派にはならない。こういう構図は、大学に限らず、安定した企業や公務員組織でも基本的には同じでしょう。

日本の大学改革議論の不幸なところは、コンセンサスを得ようとした時に座標軸を設定する人がいなくなってしまい、どこで自分たちが対立していて、どこで折り合いがつかないのかが見えなくなってしまっていることです。大学がどういう方向に向かっていくのかがわからないから、特に三番目の人たちが余計混乱してしまう。

吉見　その座標軸を示そうというのが、本書で目指すところですね。

失敗の理由は改革の不徹底にある？

苅谷　なぜ改革で目指したこととは逆の結果が出てきてしまうのかということについて話を戻すと、急進派の立場からすれば、改革が徹底していないから失敗しているんだという解釈もあり得るわけです。もう一つの解釈は、要するに、経路依存性あるいは過去の経緯等の関係で、新しい政策がどう解釈され実現していくのかというところの読み間違いがあるという見方です。

吉見　苅谷さんは、改革が不徹底だから深刻化したのか、そもそもその改革が大学の基盤を壊しているのか、それともそのどちらでもないのかについては、どう考えますか。

苅谷　これは二つの領域に分けて考えないといけないと思います。一つは、組織の話で、こちらは大学がやり方を変えればできることです。もう一つは、予算や法改正がなければできないという制度レベルの改革です。そして、本当に今、日本の大学が求められているのは教育の中身であるというのが僕の考えで、これはある程度のお金は必要ですが、実は大学がやろうと思えば、国家レベルの枠組みとは関係なくできることなんです。ただ、教育の中身を充実させるといっても成果はすぐに出ませんから、国家が介入して成果と予算を結びつけるのではなく、大学内部のダイナミズムが生まれるようなインセンティブを生み出さないといけないと思いますね。

いずれにしても、さっき言ったように、大学は何を目指すのかという軸をちゃんと設定して、大学人が意識を変えるということが求められます。日本の大学人の間で、大学にとって最もクリティカルな問題は何かというところをゆるやかにでも合意形成しないと、ゴールを設定することもできません。

現状は、「経済が回復しないのは大学が良い人材を養成しないからだ」とばかりに、教育再生実行会議のようなところから矢継ぎ早に大学改革案が出されるわけです。大学がある種のスケープゴートになっているとしか思えませんが、スーパーグローバル大学創成支援事業のような非常に性急な改革が出てきて、大学はそれに踊らされて疲れてしまうということが起きています。

それでも、大学が何をクリティカルだと考えるのかという合意さえできれば、さまざまな政策言説が出てきても、「これは無視していい」とか「これは大声で反対しなければならない」「これは自分たちで考えて進めていったほうが良い」というようなメリハリが出てくると思うんです。要するに、優先順位を明確にすることと、問題を仕分けるというのが重要で、それをやらない限り、「日本の大学はもうだめだ」とか「いや全然大丈夫だ」とかの不毛な議論になってしまいます。

問題発見型の学生はどうすれば育つのか

苅谷　今の教育が混迷している原因は、結局、経済ナショナリズムを前提にしているからだというのが僕の解釈です。人材の問題を解決しない限り日本の経済は回復しないのかというと、全然そんなことはないと思います。

吉見　企業が言うところの、コミュニケーション能力があって、問題を発見し解決する学生がもっと必要というのはある程度はわかるのですが、そもそもそこが大学の育てるべき力の根幹ではないですね。それに、教育コンテンツをちょっと変えたり、諸々《もろもろ》の小道具を充実させることでそういう学生が育つとも思えません。

少なくとも、実際にコミュニケーション能力を発揮し、問題を発見して解決することが切実に必要な場面に遭遇する以外に、そういう学生を育てる方法はありません。その場合、社会の現場での実践的な経験と、これまでの学問的蓄積についての学びをどうつないでいくかがキーになりますね。そのような結びつきをつくっていくには、一つひとつの授業やプログラムが今よりも圧倒的に時間をかけたものにならない限り不可能です。しかも、学生たちがムラにこもらず、分野を超えてどんどん交流していくことが必要です。

けれども、日本の大学は先ほど話に出たように、水平的流動性が低い組織で、教員も学生も、学部を超えることはあまりありませんし、大学間の流動性も低い。社会人学生率も国際的に見て非常に低いですし、海外の学部教育では一般的なメジャー・マイナー、あるいはダブル・メジャーなどの仕組みも大規模総合大学ではほとんど普及していません。

私は、少なくともメジャー・マイナー、ダブル・メジャーといった複線的な仕組みがもっと普及したほうがいいと思っていますが、普及しない理由もわかります。この仕組みだと、学生は同時に二つの学部・学科ないしは専攻に所属するようになっていきますね。学部の先生たちからすれば、もしメジャー・マイナーシステムが一般化したら、学生側の学部に対するエフォート率がこれまでの一〇〇パーセントから六〇〜七〇パーセントになるわけです。そうすると、学生が何か不始末をしでかしたらどこが責任を取るんだとか、学生がちゃんと卒業できるよう勉強させないといけないのに管理ができないとか、いろいろ不安になる。ある種の過保護というか、殻を固くすることによって、内側にいる学生をしっかり守ろうという、いわば親切心から壁が破られなくなっている。

カレッジは多様で安定した居場所

苅谷　流動性を高めるものを一つだけつくっても、たぶんいずれ安定に向かって閉じていくということになるでしょう。それはやはり制度の問題だと思います。

たとえば、僕はオックスフォードで三つの組織に所属しているんですね。一つはニッサン現代日本研究所のエリア・スタディーズ（地域研究）で、僕はここで日本研究の教員というポジションについており、給料の半分はここから出ています。あとの半分は、社会学科が出していて、ここでは日本とは関係なく、社会学を教えています。そして三つめが、カレッジです。カレッジは最初に挙げた二つとは全然違う組織で、これはもともと、学寮をベースにした生活共同体なんです。

吉見　旧制高校と同じですね。

苅谷　オックスフォードで機能的組織の一端であるデパートメント（学科）に対して、共同体と呼べるのはカレッジです。いろいろな分野の学生や先生がカレッジで食事をしますが、ここが一番の帰属の単位なんです。それと同時に、先生たちのほぼ全員が僕と同じく分属していて、契約も含めて、最初からそういう仕組みだと思って来ています。だから、閉じないんです。

吉見　そこがポイントですね。全体がシステムとして設計されてないといけない。

苅谷　歴史的に見ると、オックスフォードの中心はカレッジで、その後、ファカルティーやデパートメントをつくっていって、さらに大学院のデパートメントができていったわけです。地域研究の大学院（修士課程）をつくった時に、最初はやっぱりPh.D.（Doctor of Philosophy）の授与は地域研究の基礎となる学問ベースでないといけないということになって、政治学は政治学、歴史学は歴史学、社会学は社会学と、それぞれの基礎学問をベースにしながら、対象とする地域の研究をしなさいという仕組みができました。だから、僕らは試験の採点も地域研究と社会学科の両方をやるわけで、二重負担です。

吉見　でも、きっとそれで給料も増えるんでしょう？

苅谷　給料は半分半分だから、増えないですよ。それはともかく、日本研究の学生と社会学の学生は当然ながら全然違いますから、多様性と流動性がもともとの組織にビルトインされているんです。

強調したいのは、オックスフォードに三八あるカレッジは、共同体、大学の構成員の帰属先となるホームグラウンドとして安定しているということです。僕も、カレッジでアドバイザーという役割を担っていますが、これは学問的に何かを教えるというのではなく、学生に何かあった時に相談する先生という位置づけです。八人ぐらいの学生を担当していますが、一学期に一回ぐらい、カレッジが出してくれる費用で一緒にランチを食べたりします。全員社会学科や日本研究以外の学生で、いろいろな人がいますよ。そういうことからも、カレッジというベースで多様性が生まれていく。しかも、帰属先だから一種の安定性を持っている。

吉見　なるほど。

苅谷　カレッジで僕は「フェロー」、つまり「仲間」ということです。デパートメントのほうでは「ファカルティー」と呼ばれ、いわば大学教員で、つまり役割が違うんです。

吉見　そうすると、オックスフォードではファカルティーよりもフェローという立場のほうが根本的なんですね。日本の大学で教員はファカルティーという感覚しかないです。

苅谷　フェローにとって重要なのは、まさにアカデミック・ライフを支えている人々の生活です。具体的には食事であったり、そこにはお酒が付きものだからディナーの後でポートワインを飲んだりする。だから、ワイン・セレクションの委員が重要だったりします。

吉見　他のイギリスの大学でも、カレッジのフェローという資格はあるのですか?

苅谷　コレージエート・ユニバーシティー、つまりカレッジの集まりとしての大学はイングランドではオックスフォード、ケンブリッジ、そしてダラム大学だけです。アメリカ型のデパートメントをつくり出したのは、二〇世紀になってからで、二〇世紀後半にできたものも少なくありません。それ以前はカレッジでPh.D.を出していたのに、今はデパートメントで出すということになっています。

世界の大学人が最重要視していること

吉見　そうすると、イギリスの大学とアメリカの大学は基本原理がかなり違うのですね。その中でもオックスブリッジはとても特殊ですね。しかし、英米圏あるいはヨーロッパの大学全体を含め、そこでは水平的な流動性が日本の大学よりはるかにあると思いますし、必ずしもカレッジがなければ水平的な流動性を担保できないということでもない。

苅谷　僕が言いたかったのは、カレッジが水平的な流動性を保ちつつ帰属先としてのコミュニティーをつくっているから、流動的で機能的なデパートメントがコミュニティーになる必要がないということです。カレッジの仕組み自体は特殊なものだとは思いますが、吉見さんの東大の話を聞いて、安定を求め、顔が見えて、誰が仲間かということをお互いに共有するとなった時に、日本の場合は学部という組織以外になかったということを思い出しました。僕は東大にいた頃は教育学部という、東大の中では小規模な学部に所属していましたが、それでも自分たちは一人前の組織だというアイデンティティーが強烈にあるから、閉じるんですよ。

吉見　人間の本性として、多くの人は安定的なコミュニティーを求めます。私はどちらかと言うとそういう感覚が弱いので、自由に水平的に流動していけばいいじゃないかと思ってしまうのですが、やはり構造的には、一方にフェローたちのコミュニティーが担保されているからこそ、教育や研究の現場はファカルティーにおいてより自由に結びついていくことができるようになる、というところがあるのでしょうね。ところが日本は、組織が一元的な秩序になっているので、教育や研究の組織と教師や学生のコミュニティーが一体的に閉じた構造をつくってしまう。

だから九〇年代以降、さまざまな教育改革で、それまでの閉じた組織を開いていく仕掛けを大学に入れていこうと努力してきたのだけれども、まだなかなかうまくいっていない。しかし他方、日本の大学の場合、学部以外に、学生や教員が所属する、より基盤的なコミュニティーをつくっていくのは至難の業ですね。本当は、大学設置基準の大綱化や大学院重点化をしていく際に、そうした重層構造をもう一歩先まで進める可能性もあったはずです。たとえば、組織論上は学部と大学院研究科は必ずしも一対一対応をしなくても良かったのですから、大学院研究科のほうを研究者のコミュニティーにするならば、学部のほうは思いっきり水平的な流動性を拡張させる仕組みにしていくとか、学部学生の所属をダブル・メジャー方式にするとか、単純に学部と大学院が揃《そろ》って縦割りになるのを避ける方策を導入していく可能性もあったのではないかと思います。

苅谷　先生の所属と学生の所属が違うという、アメリカ型の組織ですね。

吉見　たとえば、ある先生は大学院ではAという研究科に所属しているけれども、学部ではCという学部に所属して、DやFでも学生を教えているという設計もできたかもしれない。もちろん、複雑になる分、全体の標準化と全学的な調整の仕組みが必要になってきますが、それでかなり複線的な教育プログラムが実質化していく。でも、日本のほとんどの国立大学で何が起こったかというと、それぞれの先生が大学院教授になったけれども、大学院と一対一対応で学部があるという、縦割りの仕組みはまったく変わりませんでした。逆に言えば、研究科と学部が一体の縦割りが強化されてしまったのです。これでは、大学の研究や教育はますますタコつぼ化されてしまいます。

苅谷　筑波大学も、最初は教員組織と学生組織を分けて、学生はカリキュラムに応じていろいろな先生のところに行って勉強するということを目指したのに、結果的には学群が学部みたいになり、閉じる方向に行ってしまいましたね。そういうことは学問的なディシプリンの必然性から生まれたんじゃなくて、組織論的、あるいは共同体論的と言ったほうがいいのかもしれませんが、人の帰属をめぐって抱え込むということが起きてしまっています。

吉見　東大でも、流動性を高めようとする努力は個人個人でなされてきたと思います。でも、それを全体の仕組みにしようとすると、どうしても既存の組織を守る力学が強力に働いて、うまくいきません。身も蓋もない話ですが、殻を固くして内部を安定させるような構造になっていく基本のロジックは、結局、教員のポストをどうするかという人事の問題だと思います。学問的なディシプリンや社会への対応力ということとは無関係に、人事権が組織を固めてしまうのです。苅谷さんがオックスフォードのカレッジで体験しているようなファカルティー横断的なコミュニティーは東大にはほとんどありません。

苅谷　今の話は、すごく核心をつく問題なんです。つまり、大学人にとって何が重要かというと、ポストを守ることなんですよね。オックスフォードも東大と一緒で、大学人にとって、個人の業績や研究をどう活性化するかということ、次の世代を育てるということは仕事として当然重要なわけですが、それらすべての前提にあるのはポストです。たぶん、世界中どこへ行っても、大学という組織はそういうものでしょう。

吉見　予算よりも学問よりもポストが大事ということで動いている。なんだかそれでは身も蓋もありませんね。

苅谷　じゃあ、なぜポストが大事なのかというと、所属先の組織が大きくなるということが一番の貢献とされるわけです。

吉見　それも、それぞれ個人商店みたいに小さい組織の話です。四、五人の単位の組織で一人増えるかどうかというのがすごく大きい。大学というのは、偉そうなことを言いながら、実はそういうちまちましたところでみんなが争っているんですよ。

インセンティブを高める仕組みをどうつくるか

吉見　今の流動化する社会で、そうやって教育の仕組みが閉じていくのは、学生にとっても学問にとっても、けっして生産的なことではありません。これは大学だけの話ではないと思いますが、水平的な流動性のある、開かれた組織をつくるのであれば、ポストの帰属の問題を解決しないといけないし、あるいは、流動化させる一方で安定するような仕組みをつくっていかないと、どうにもならない気がします。

苅谷　オックスフォードがアメリカ型のデパートメントをつくり拡張していった時、いくらオックスフォードでも純増だけでポストを増やすことなどできませんから、デパートメント間での複数帰属にしたのです。一つの学科に所属しながら、もう一つ新しくつくる学科にも貢献できるフィフティー・フィフティーなら、なんとかポストをつくれる。人によっては、七対三、六対四かもしれませんが、そうやって流動性を高める仕組みをつくっていったわけです。

吉見　二重帰属がこれまでの日本社会の仕組みに馴染《なじ》まないとしても、未来の大学の仕組みにとっては重要なポイントになります。ですからこれは、本当は政策として推進すべきことだと思います。つまり、二重帰属の仕組みを広げていくことがポストや予算面でメリットがあるとなれば、多くの大学がそちらに動くのです。

苅谷　付け加えると、二重帰属がインセンティブにならないで負担だけが増えてしまうと、もうやらなくなってしまいますね。

その点、オックスフォードはうまくできていて、授業のコマ数だけでなく、個別指導する学生の数まで考慮に入れた「あなたの仕事量はこれだけ」という、きちっとしたルールがあります。その上で、お互いさまで融通し合うということもある。たとえば僕が社会学科のほうで負担が大きい役目を担っているという年には、自然と「じゃあ、日本研究のほうでは少し配慮しよう」となる。サバティカル（研究休暇）を取る時も同じです。抱えている問題はみんな同じなので、それを前提に、お互いさまというのが負担を軽減するほうに機能する。でも、日本でのお互いさまって、みんなが大変だからと仕事を増やす方向で機能してしまうじゃないですか。

吉見　そうですね。日本の大学では、有能な人に仕事がどんどん集まってくるから、頼まれる仕事ばかりがどんどん増えていきます。教員が複数のことを同時にすると、だんだんキリがなくなりますね。それに、どんなにやっても組織的なサポートは少ない。だから、がんばる人を潰してしまったりする。日本の大学組織の根本的な問題です。

苅谷　オックスフォードでは指導する院生の数がカウントされますけど、日本では……。

吉見　カウントされないですね。学生が多くて負担が大きくても、それは他の業務とは関係ありません。学生が多いか少ないかは、その先生個人の問題とみなされます。

苅谷　それから、僕らにとっては自分の研究する時間がどれだけあるかということが基本的に一番大事だから、二重帰属では研究時間を確保できる仕組みになっています。

吉見　整理すると、二重帰属には学生の二重帰属と先生の二重帰属がある。学生の二重帰属はダブル・メジャーやメジャー・マイナーのカリキュラムの問題。先生の二重帰属はファカルティーとは何かという問題ですね。どちらも大学における時間のマネジメントの問題に直結している。学生のほうの話は、後で集中的に議論していきたいので、ここでは先生のほうの話に絞っておきます。するとこれは結局、大学の全学的なレベルでの政策的な誘導やサポートをどう組織化するかという話なのですね。個人のレベルから見ると、負担だけが増えるのではなく、むしろインセンティブが増える仕組みが必要ということになりますね。それは、オックスフォードのように暗黙裡《あんもくり》にお互いの負担をカウントするというやり方もあるし、明示的に仕事量をカウントして調整する仕組みがあってもいい。負担の増大に比例して給与が増えるとか、がんばる教授にはある水準を超えると、その人が自由に頼める若手スタッフを雇えるようになるとか。理系の研究室は、外部資金を獲得して実質的にそのようなかたちになっているのでしょうけれども、文系はそうしたものは何もありませんね。ですから、ここ数十年の日本の大学改革による教員の繁忙化がもたらした知的ダメージは、理系よりも文系のほうにより深刻に生じている気がします。

苅谷　もう一つ、これは文化論的なことになってしまいますが、基本的にオックスフォードは仲間内でもノーと言える社会です。日本ではノーとはなかなか言えないでしょう。

吉見　言えないですね。ノーと言った時に、じゃあこの負担は誰のところにいくんだ、と考えてしまいますから。なかなか人間関係的に「ノーと言える人」になれない。

苅谷　たとえば、オックスフォードでは六年勤めたら一年間サバティカルをもらえるんですが、こんな小さい組織で一人いなくなると、それは大変ですよ。だけど、みんなが順番に取っていきますから、自分の番も来るんだからと思えば、他の人が先に休んでもオーケーなんです。お互いさまがポジティブに働くのとネガティブに働くのとの違いは、どこかに意思決定の個人主義のようなものがあって、それを守るというのが前提になっているかどうかでしょう。だから、何か仕事を割り振る時、ノーと言ってもいいとみんながわかっています。この部分が抜けていると、どうしても、負担ばかりが増える方向にいってしまうのかもしれません。

混乱、変動をどう見るか

苅谷剛彦

対談で吉見さんが放った「戦国時代みたい」だという発言が気になった。大学をめぐるさまざまな問題の噴出は、混乱期だからか。混乱は次へと向かう変動期ないし過渡期を示すのか。混乱にせよ変動にせよ、日本の大学が大きな変化の渦中にあることは間違いない。だが、この変化をめぐっても対立が見えてくる。

変化の原因を拙速な改革に求める立場から見れば、混乱の帰責は政策側に求められる。他方、改革を推し進める側からは、望ましい変化（＝改革）への抵抗が混乱を生んでいると見る。この両者は一見、鋭く対立しているように見えるが、共有する前提がある。一つは、日本社会にとって大学というものの重要性が高まっているという認識の共有である。もう一つの共通項は、従前の日本の大学教育には問題があったという認識である。一方は、だから改革が必要だと改革を急ぎ、他方は、その改革がかえって大学の弱体化や新たな問

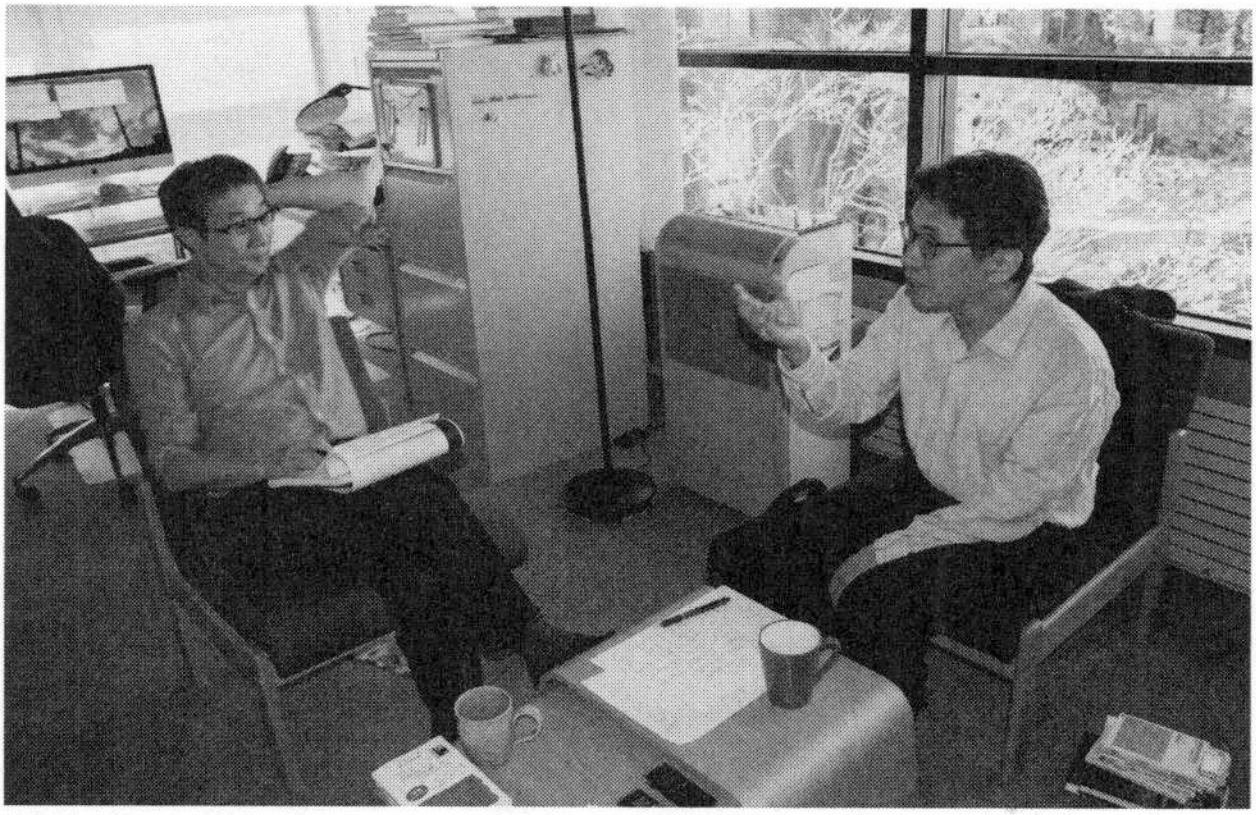
対談は主に、オックスフォード大学の苅谷教授室にて行われた

題を生み出すと見る。

どちらかの旗印がより鮮明になれば事態が収拾するかと言えば、そう簡単ではない。旗印＝「大学とは何か」をめぐる価値や基軸が鮮明でないことにはそれなりの理由があるからだ。

「大学とは何か、大学はどうあるべきか」といった、抽象度を上げた問いのレベルでは、鋭い対立が表面化することはそれほどない。対立が先鋭化するのは、この問いを抽象度を下げて具体的なレベルに降りてくるところだ。たとえば、「大学は学生に思考力を身に付けさせる（べき）ところだ」というレベルでは大筋合意できる。ではいかにそれを実現するか。実現のためには何が必要か。実現できているかどうかをどのように評価するか。一歩具体的レベルに降りた時、しかもその実現の手段や資源や評価の方法をめぐって見方が異なる時に、対立が前面に現れる。

この抽象度を下げた時に生じる対立や問題点をきちんと認識しないと、議論は堂々巡りになる。旗印を掲げても空回りとなる。「大学はどうあるべきか」という価値をめぐる問題を、抽象度を下げたところで生じる問題と往還しながら、具体的な対応策を考えていくしかない、ということだ。

「日本の大学教育には問題がある（あった）」、という認識を共有しているとしても、その「問題」をどれだけ現実に根ざして認識し、その原因や理由を思い込みではなく認定できているか。もちろんそこには多様性があることを認めなければならない。この、より具体的なレベルの問題認識を怠ると、問題の共有ができず、それゆえ、変化を引き起こすための手段の共有が難しくなる。混乱や混迷が深まり、変動期だとしても出口が見えなくなる。まずは、「戦国時代みたい」な状況と、そこに至った歴史の解明が必要である。

第二章　集まりの場としての教室

学部生のレベルはハーバードも東大も同じ

吉見　第一章では政策の話をずっとしてきましたが、実は、大学改革の問題を考える上でも、大学全体の未来を考える上でも、その根本は授業だというのが非常に重要な大前提です。これは私たち二人に共通する認識だと思います。そこでこの章では、授業、つまり教室という場をどう考えればいいかについて議論をしたいと思います。

苅谷さんはアメリカ留学後、アメリカの大学で教える経験をされています。僕もこの歳《とし》になって、わずか一年ですが、ハーバードで教える機会を得ました。知識としてだけではなく、ハーバードのようなアメリカのトップユニバーシティーの教育を支えている舞台裏はどうなっているかを実体験して、いろいろ学びました。実際に教えてみると、日本の大学で何十年も教えてきた身としては、両者の仕組みの差にやはり愕然《がくぜん》としました。
ただ、これはオックスフォードと比較しても言えることだと思いますが、学部生のレベルは東大もハーバードもほとんど差がない。いわゆる頭の良さは同じです。

苅谷 僕もそう思います。

吉見 まあそうだから、この対談の冒頭でお話ししたように、東大や京大に合格する子は、英語さえできれば、比較的容易にハーバードやオックスフォードにも合格してしまうのですね。しかし、東大とハーバードでは、その優秀な子たちを育てていく教育の制度的な仕組みがまったく違います。第一章にも出てきたシラバス一つとってもそうです。日本の大学のシラバスであれば、僕はだいたい二時間もあれば書けてしまいます。授業で何をやるのか概要を決めて、一五週の授業のテーマをとりあえず埋めていって、参考文献を数冊挙げ、キーワードを並べていけばいいんですから。だけど、ハーバードでは、およそ一五ページに及ぶ詳細な一学期分のシラバスをつくるのに丸一週間以上もかかりました。

苅谷 文献を決めないといけないですからね。

吉見 毎回の授業の目的と成績評価のポイント、参考文献について最初から詳細に指定しますね。しかも、日本のことをするのでも日本語の文献は使ってはだめだということでしたので、全部、既に英語になっている文献を探し、それをざっと読み直して、学生たちが読んでおくべきページはどこからどこまでかを詳細に指定しなければなりませんでした。僕がハーバードの大学院で教えることになった日本のメディア研究、あるいは学部で教えた近現代日本のアメリカナイゼーションの問題について、日本語で書かれた文献ならいくらでもあります。でも、英語となると限られてくる。そもそもどういう文献が英語になっているのかを調べ直さないといけない。その上で、文献の何ページから何ページまでを指定するかを決めて、そこで何を議論するか、成績の判断基準をどういうパーセンテージにしていくかということまで決めてシラバスに明記していくわけです。

苅谷さんには釈迦《しゃか》に説法ですが、ハーバードではこんなに丁寧に成績をつけるのかとちょっと驚きました。毎回の授業に課される課題文献に対する小レポートが成績評価の二〇パーセント、授業開始から約一カ月半後には成績評価の一五パーセントにあたる中間レポートも書かせますし、それへの僕からの指摘を受けて書き直すことも成績評価に含まれます（成績評価の一〇パーセント）。週二回の授業と一回のTAによる演習への出席（同一〇パーセント）、授業開始から二カ月後に最終レポートの提案書を提出する（同五パーセント）、授業の最終回で最終レポートを発表する（同一〇パーセント）、最終レポートを学期末に提出する（同三〇パーセント）といった感じです。私のほうは、この実に詳細なシラバスを、しかも英語で書くんですから三重苦です。ハーバードでの授業のシラバスを書くのは論文一本書くのと同じくらい大変でした。

ハーバードでは「シラバスは学生との契約書」と言われ、だからここまで書くんだということでしたが、日本とアメリカでは契約書の概念が全然違いますし、僕はそれだけではちょっと納得できなかったので、シラバスは授業というドラマの上演に際し「教師と学生が共有するシナリオ」でもあると理解しました。つまり、授業でどういう議論をするかということが「脚本」に書いてあって、それを学生と教師が共有しているから、それぞれが「演技」もできるし、授業というドラマが成り立つんです。それなしに、いきなり「さあディスカッションをしましょう」と始めても、実りある議論はできないですよ。

それと比べると、日本のシラバスは商品カタログのようなものですね。日本の大学教授というのは、個人商店の店長みたいなもので、自分のところで売る商品のカタログとしてシラバスを書いているという感じに近いんじゃないでしょうか。

苅谷　その通りだと思います。

日本の学生が「世界一勉強しない」理由

吉見　ハーバードでは学生との間に何度もフィードバックのプロセスがあって、東大での学生とのやりとりよりはるかに密度が濃い。教える側はそれだけの時間を学生対応にかけることが要求されますし、休講などあり得ないという感じでした。それも含めて舞台に似ているというか、役者が「ちょっと海外出張に行ってきます」と休演したら、「入場料を払っているのになんだ」とお客さんが怒って大変なことになってしまう。それぐらいの重みが授業にはあるということなんですね。

もう一つ、これも苅谷さんがお書きになっていることですが、TAの概念も日本とは根本的に違います。日本では、TAは教授のお手伝いみたいな感じじゃないですか。コピー取りをしたり、出席者のカウントをしたり、資料を配付したりするぐらいで、TAが教えるなんてことはまったく考えられていません。教授のほうも、TAに何をやらせたらいいのかがわかっていないですしね。

一方、アメリカの大学では、TAは博士課程で三年目ぐらいになる学生たちの最初のティーチングキャリアで、そこでどれだけ評価されるかということが次の就職にも関係してきます。だから彼らも一生懸命やるし、そのためのトレーニングの仕組みもしっかりでききています。TAの仕事の範囲についても、ジョブ・ディスクリプション（職務内容の詳細）で明確に規定されていて、その中には授業で教えるということも含まれている。

僕の学部の授業は一科目で週三回ありましたが、そのうち一回はTAが受け持つディスカッションクラスでした。最初、よくわからなかったのでディスカッションクラスにも行ってみたら、ちょっと嫌がられましたね。僕はいないほうがいいんだなということで、次からは出るのをやめましたけれども。

苅谷　先生が来ると、TAはやりにくくなってしまうからね。

吉見　シラバスにしてもTAにしても、彼我の違いを考えていくと、その根本はやはり履修科目数ということになるのだと思います。というのは、日本の大学教育は多く浅くで、だいたい一学期に一二科目ぐらい、学生によっては一学期に一三科目、一四科目も取っているんです。そんなにたくさん科目を取っていたら授業に出るので精一杯でしょう。たとえば、一つひとつの科目で、仮に毎週二文献ずつ予習しなければならないとなれば、一週間で学生が読まなければならない文献数は二四にもなりますから、どんなに真面目な学生でもこれをちゃんと予習するのは不可能だと思います。

苅谷　僕が東大にいた時、アメリカ式に学生にたくさん文献を読ませて、議論して、書かせるという授業を週に二コマセットでやったことがありました。僕が最初に大学で教えたのはアメリカの大学院だったし、こういうやり方が有効だと思っていたんです。でも、授業を取った学生からは「先生の授業だけは真面目に出ましたが、準備が本当に大変で、他の授業の勉強はあまりできませんでした」と言われました。

吉見　日本の学生は世界で一番勉強しない、とよく言われます。実際そうなのかもしれませんが、それは学生たちが不真面目だからとか能力がないからとかということでは絶対にありません。だって、日本の学生と比べてアメリカやイギリスの大学生がすごく真面目なのかと言えば、そういうわけでもないでしょう？　要するに、日本の大学は学生に真面目に勉強させるような構造になっていないんです。文科省も中教審も、これだけ長い間教育改革をしてきたのに学生たちの実質的な学習時間がまったく増えていないと嘆いていますが、構造を変えない限り、増えるはずがないんですよ。

苅谷　そうなんです。自分でやってみて、やっぱり一人で革命は起こせないと思いました。

吉見　先ほども言ったように、学生たちのレベルには差がないわけで、学ぶキャパシティーの面積が同じだとしたら、それを横に広げるか縦に深めるかというのが日米の大学の違いです。ハーバードは基本的には少なく深くですが、これはハーバードに限りません。世界的標準は一学期に四、五科目、多くて六科目で、これくらいなら一つの科目に対して文献を二つ、事前に予習してきなさいと言われても、こなせるんです。

こういう違いが生まれるのには、一つひとつの科目の単位数が関係しています。日本の場合は、一科目の単位数は二単位が多く、東大では一単位、一・五単位というものもけっこうあります。だから、「これはちょっと単位を取れそうにないな」と思った科目は途中でやめてしまってもそんなに大きな影響はありません。スーパーマーケットで、とりあえずカゴにいっぱい品物を入れていって、レジの前で「やっぱりこれは買うのをやめよう」と戻すようなもので、それでも卒業できるから全然かまわないんです。

それに対し、アメリカでは一科目は四単位というのが一般的で、ものによっては六単位ということもあります。感覚としては、ゼミに近いものを一学期に四つか五つ取るというのに近いですね。一つの科目を捨てるとなると、四単位、六単位を一気に失いますから、卒業できなくなってしまいます。となれば、一度取った科目の授業は最後までがんばって履修しようというモチベーションが嫌でも働くわけです。

大学とユニバーシティーの決定的な違い

苅谷　日本の広く浅くという教育は、知識伝達型としてはこんなに効率の良い仕組みはないでしょう。私立では何百人と入る大教室がありますが、それだけの大人数に対して一人の先生が九〇分講義をすれば、学生が本を読まなくても、一応、内容は薄く広く伝わるわけです。大学の先生が学生たちに自分が教えている教科の知識を伝えるということをゴールにしているんだったら、そのやり方でいいんです。一方、学生の側からすれば、一学期に十何科目も取っているとすると、一週間に十何人の先生から知識を受け取ることができて、これはこれで効率がいい。

日本の大学が広く浅く学ばせる構造になっているのは、大学とは何かという問題と関係しています。これこそ、日本の社会と大学というような大きな話だけではなくて、一人ひとりの大学教員にとって大学教育とは何かという問題です。

吉見　日本の大学の先生たちには、今でもある種の知識網羅主義が蔓延していますね。つまり、ある分野の知識をすべて穴のないような仕方で学生たちに教え込まなくてはいけないという、ある種の生真面目さです。教科書に書かれていることはすべて授業でやらなくてはいけない、授業で教えていないことは試験に出してはいけない、だから授業では単元に関連する全体を教えるという高校までの受験勉強型の教育が大学まで続いてしまっているのかもしれません。そして、関連するすべての先生に、ほぼ均等に授業枠を割り当てていくわけです。そのため、どうしても授業は広く浅くになってしまう。

これに対して深い授業、つまり週に何度も先生と学生が会って、一緒になんらかのテーマに取り組んでいく授業を組むとなると、どうしても穴が出てくることを受け入れなくてはならない。議論の組み立てであったり、研究の組み立てであったり、物事をアカデミックに考えるとはどういうことかを学ぶのが大学で、その能力が身に付けば、知識として穴が開いていても、それは自分の努力で埋めていくことができるはずだという考え方です。しかし今のところ、この考え方は日本では教師の間でなかなか共有されていません。

苅谷　僕は、日本の日本語で呼ばれる「大学」とアメリカやイギリスの「ユニバーシティー」は、似てはいるが実は違うものだと思っています。要するに、ユニバーシティーで目指しているのは知識の伝達ではない。知識の伝達も重要ですが、与えた知識を通してどれだけアーギュメントができる人間を育てるかということがゴールなのであって、だから科目も少なくていいということになります。

結局、僕たちは明示されたカリキュラムを教えるだけじゃなくて、読ませて書かせるトレーニングを通じて、アーギュメントができる能力を育てているんです。アメリカで教えていた時はまだ若かったから、実際にそこまで考えていたわけではありませんが、今オックスフォードで教えていて、改めてそう思います。

　このアーギュメントという言葉は日本語では普通「議論」と訳しますが、ちょっと違うニュアンスになってしまうので、僕は英語でしか言えないんですね。「アーギュメント」には自己主張するという要素も含まれているけれども、ただ自分の意見を言うというのではなく、知識を分析的に自分で獲得した上で、「だから私はこう考える」と論じることができないといけません。アーギュメントというのは、基本的にはクリティカル・シンキングで、「クリティカル」は「批判的」と訳されますが、「反省的」と言ったほうが近いかもしれない。読んだものをそのまま鵜呑《うの》みにしてしまったらアーギュメントはできませんから、当然分析的にも、クリティカルにも読むということになります。

　アーギュメントするには、知識という部品が提供されることが必要です。けれども、それは講義を通じて伝達するのではなく、リーディング・アサインメント（事前の文献学習）によって学生たちに自分で獲得させる。たとえば、僕がアメリカの大学院で教えていた時、日本の社会を対象に社会学を教えましたが、リーディング・アサインメントも毎回、けっこうな量を出して、日本の雇用や教育、階層の問題についての文献を学生たちに読んでもらいました。ある回では、鎌田慧《さとし》さんの『自動車絶望工場』の英訳を各自が読んできて、日本における工場労働や雇用の問題といったことをディスカッションしたんですが、その中で学生たちは、日本のことについての知識を得たという以上に、日本という比較の視点を持った時に自分たちのことをどう考えるかということを議論するということを学んだわけです。

オックスフォードの贅沢《ぜいたく》な仕組み

苅谷　知識伝達型の日本の大学の授業は、長い間の歴史の中で良いものとされてきたのに、一九八〇年代以降、突然、「これではだめだ」と言われて、シラバスやTAを導入しろということに始まり、今や一方的に教えるのではなくアクティブラーニングで双方向の議論をしなければいけないという話になっています。けれども、カリキュラムの構造を変えないまま、リーディング・アサインメントもなしにアクティブラーニングをやれと言っても、それは無理ですよ。

吉見　その通り。事前学習がなければ、それはディスカッションじゃなくて、ただのおしゃべりになってしまいますね。第一章にも出てきましたが、八〇年代の臨教審だって、今までの詰め込み式の教育ではだめで、知識を「適切に使いこなし、自分で考え、創造し、表現する能力が一層重視されなければならない」としていたわけです。以来、ずっと「自分で考えることができる」若い人を育てるのが大学の役割だと言われ続けてきた。

でも、そのための教育の仕組みづくりで、まず何がなされなければならないのかが突き詰められてはこなかった。むしろ、シラバスやTA、アクティブラーニングなど新しい小道具を入れようとしてきた。しかし、部分の総和は全体にはなりません。日本がずっとできてこなかったのは、学生の視点に立って、彼らの毎週、一学期、四年、一生の時間の中で大学教育をとらえ直すことであり、そうした時間のマネジメントとの関係で諸々の小道具の実現可能性を検証していくことだったように思います。有限な人的、時間的資源の分配という観点を抜きにアメリカの真似をしてもうまくいきません。

苅谷　ちなみに、オックスフォードにはチュートリアルという仕組みがあって、学生一人ひとりに一対一で教師がアーギュメントの相手になるんです。

吉見　それは本当に贅沢ですね。

苅谷　チュートリアルは要するにアーギュメントする場ですから、先生たちはアーギュメントとはどういうものかというお手本を見せる。だから、講義だけやって、後は試験やレポートで評価するだけというわけにはいきません。授業の準備は講義より大変です。

吉見　学生も講義のほうが楽でしょうね。講義ばかりの科目を一二取るほうが、ディスカッションやアーギュメントや予習文献がある科目を四つ取るより絶対楽でしょう。

苅谷　楽・楽同士だから、変わらないんでしょうね。

日本と違うのは、オックスフォードでは「読ませて、書かせて、アーギュメントできる能力を育てる」という教育がけっして理想主義からきているのではない、という点です。そういう教育を何百年とやってきて、実際に機能しているということが社会の側でも承認されているから、「やり方を変えろ」という圧力も生まれない。今までのやり方を踏襲していけば、当然、アーギュメントできる能力は育まれていく。そのことが、既に前提になっています。

実際、大学の教育によってどれだけアーギュメントの能力が獲得されたのかは、教員にも学生本人にもはっきり見えるんです。学生が書いてくる最初のエッセーと最後のエッセーのアーギュメントの質は、全然違います。

僕はよくオックスフォードの学生に、「一年間で読んだ本を積み上げてごらん」と言います。いろいろな科目を合わせたら、すごい高さになりますよ。それから、「一年間で書いたエッセーを積み上げてごらん」と言うと、これもけっこう積み上がりますから、「おお、こんなにやったか」というのが目に見えてわかります。目に見えないところはもちろん大事ですが、目に見えるというのは自信につながる。

「吉見俊哉を叩《たた》きのめせ!」

吉見　オックスフォード並みのチュートリアルを日本の大学でできるかというと、人員的にも、時間的にも難しいでしょうね。学部では、圧倒的に一教員当たりの学生数が多すぎて、しかも先ほど話したように履修科目数が多すぎる。つまり、一つひとつの科目が細切れになりすぎていて、チュートリアルのような持続的な指導が成り立つ基盤がない。大学院でも、九〇年代の大学院重点化以降、多くの研究型大学で大学院の学生定員が大幅に増えました。修士論文のための指導教員制度があるので、それが実質的にチュートリアルの役割を果たしていると思いますが、これはそれぞれの指導教員にやり方が任されている面が大きい。ですから、専門分野の指導はそれぞれされていますし、先生次第では世界のどの大学よりも素晴らしいと思えるような指導を受けている学生もいるのですが、これはかなり運に任されている。「当たり」も「はずれ」もあるということです。

私自身、重点化以前は一〇人弱ぐらいの学生を見ていれば良かったのが、重点化後にクラスの人数は一時期、二〇人を超えてしまった。これだけの人数が相手だと、マンツーマンではできません。それでも東大はこの点ではかなり恵まれているほうで、他大学は教員当たりの学生数という点でもっと大変です。

こうした中で、私は九〇年代、オックスフォード式のチュートリアルは人件費的に到底不可能、TAもろくにいなければ、授業時間も限られている中で、なお学生たちにクリティカル・シンキングの能力をつけさせるにはどうすればいいかということを考えなければならなくなりました。で、九〇年代に私が考えたのが、「アタック・ミー　吉見俊哉を叩きのめせ!」という授業です。これは、僕が書いた本や論文を取り上げて、それぞれの学生が目の前にいる吉見をとにかく批判する、否定することを課す授業で、学生にとってはかなりシンドイことを要求したのですね。君ができるのは、目の前にいる先生を叩きのめすことだけだ、とその先生が要求しているわけですから。目の前にいる教師の本や論文を要約するのも、それについて何か質問するのも簡単で、頭のいい子ならばたいして本気で読んでいなくたって質問くらいできる。しかし、それを批判したり否定したりするのは、少なくともその文献をきちんと読まなければできません。つまらない批判は、すぐ見破ることができますね。これは、二〇人以上の学生を一度に相手にしてクリティカル・シンキングの能力を鍛えるには、なかなか良い授業方法だと今も思っています。

この授業では、「要約してはいけない」「褒めてはいけない」「質問してはいけない」等々といった規則を設け、とにかく僕の論文のアラ探しをさせます。そうすると、学生たちは僕の議論を否定するにはどういう目のつけどころや論法が必要か、論理の穴や論点のすり替えというのはどういうところに生じやすく、またそれを論破していく上で、たとえば原典の文献に当たってみることがどれほど重要かを学んでいきます。

苅谷　ものを読む時、書いている人と自分を対等な立場に置くというのは、すごい緊張感を持たないとできません。まして、著者が目の前にいるんですから、学生は相当な緊張を強いられるでしょう。こういう経験はとても重要です。

吉見　私は、教師と学生という対等ではない関係を利用して、学生たちに「対等になって批判しろ」と要求しているのですね。ですから、ディスカッションの主体としては「対等」にならなければならないし、私もその学生たちの攻撃に対等に向き合うのですが、そのような状況の設定に、「教師」という優越的な立場の権力を発動させているのです。

なぜこういうことが必要かというと、昨今では、自分のアイデアや調べたこと、意見にそれなりにデータを添えてまとめていくのが研究だと勘違いしている学生がけっこういます。小中学生の学習レポートならばそれでもいいかもしれませんが、大学や大学院での研究は、そうした「まとめ学習」とは根本的に違います。研究とは、先行する優れた他者たちとの対決なので、先行研究がない研究なんてあり得ないはずです。それでもよく、「これはすごく新しい対象なので、先行研究はありません。私が独自にやりました」なんて、臆面もなく言って事実の羅列をする学生がいたりします。

苅谷　ありがちですね。

先行研究がないなどあり得ない

吉見　先行研究がないなんて、あり得ないと私は思います。その対象そのものの先行研究ではないとしても、研究の核となる概念や、そこでの理論的な問いに対する先行研究は絶対にあるはずです。だから、同じ対象を扱っている先行研究を調べるだけでなく、鍵となる概念やこだわっている理論的な問いに対する先行研究をしっかり読んで、批判しなさい、ということを本当に根本的なことから教えなければならない。

ですから、「アタック・ミー!」の授業でも、「現代的な問題を扱っていない」とか、

「今ではそこに書かれた時代からこんなふうに変化している」といった批判は表層的で、かなりレベルの低い批判だと繰り返し言います。それでも、そうした安易な批判は跡を絶ちません。でも、やっていくともっと内的な論理的整合性の問題を衝《つ》いてくるものや、私の原典の読み込み方の甘さを指摘する批判も出てきます。そういう批判を受けた時は、批判されることが嬉《うれ》しいですね。この授業をやっていて良かったと思います。

ただ、このような対話的な授業をやっていくと、つくづく日本の授業は細かく時間が分かれすぎていると思います。議論を継続的にやっていくために、本当は、私が担当する授業の他に、TAがそれぞれ数人の学生と批判の中身を深めていくディスカッションクラスのようなものがあったらいいだろうな、と思います。

苅谷　東京大学などではカリキュラムの多様性を担保するということで非常勤講師がけっこう授業を持っていますよね。だから、週二コマにしたくても、そこはもう非常勤講師の授業で埋まってしまっていたりします。

吉見　日本の大学では、アメリカのようなTAではなく、非常勤講師をやることが初期キャリアになっています。しかしこの非常勤講師は、ある意味で高学歴・低賃金・非正規雇用者として大学に搾取されているのではないかという気もするのですね。博士課程の院生や博士学位を得たか得ないかくらいの若者たちが非常勤講師をそれぞれのコネクションでみつけてくるのですが、その基準もマッチングも極めて偶然的です。彼らは就職先を求めていますし、教育歴を築く上で必要ですから、低賃金でも引き受けます。大学の側もそれがわかっていますから、教師が足りない授業枠に非常勤を割り当てていくわけです。

他方、学生たちは、細切れにされたばらばらな科目を、いわばスーパーマーケットで商品を選ぶ時のように、自分の予定が空いている曜日・時限を埋める仕方で選択していくことになる。このようなやり方では、深い学びなど絶対に実現しません。ですから、この非常勤講師依存型の初期キャリアパスの構造を根本から変えていかないといけない。

日本の大学でオックスフォードのチュートリアルのような一対一の指導体制を組織するのは難しくても、一五人程度までの少人数のゼミは可能だと思います。圧倒的に教育力のある教授を選んで、その下に六人くらいのよくトレーニングされたTAを配置するようにすれば、その先生の授業への出席者が一〇〇人いても、それを各々一五人程度の少人数の討論クラスに組織していくことができる。TAは、その先生の教え方を横で学びながら、担当する一五人くらいの学生たち一人ひとりの指導を丁寧にしていく。大教室の講義だけではなくなるので、今よりもTAの人件費がかかるかもしれませんが、学部学生と若手研究者の双方のトレーニングになる。しかも、うまくすればこの討論クラスは、学生相互の横の団結を生んでいくかもしれません。そうなれば、教師との密度の濃いやりとりが日常的にはないとしても、学生たちはお互いの切磋琢磨《せっさたくま》で伸びていきますね。

日本の大学でも、六、七人ぐらいのグループでよく研究会や勉強会が組織されますね。これは、日本の大学の知的創造性を支えるコミュニティーです。かつては旧制高校の寮がその基盤の役割を果たしていましたが、現在、日本の都市圏では大学の寮の役割は減っていますから、ゼミやサークルなどの課外活動で仲間が形成され、その中での人間関係がうまくつくれている場合にはけっこう機能しています。しかし、この結びつきは基本的にカリキュラムの外にありますね。

苅谷　昔は、寮の舎監が人格的に大きな影響力を持つということがありましたね。

吉見　寮は、単なる宿泊施設ではなく、学生たちがアカデミック・コミュニティーの中に自分を位置づけていくようになる根幹ですね。だから、ハーバードでは一年生は全員が寮に入らなければならない。そこでの舎監と学生の関係は、しばしば全人格的になる。

苅谷　大学の教師と学生との関係の中で、そういう人格的な影響が重視されていた時代もあったと思いますが、僕自身は、東大にいた頃は学生、特に院生とはなるべく非人格的

（インパーソナル）な人間関係になるようにしていました。アカデミック・トレーニングは機能的な関係のほうがいいと思っていたので、これは意図的に努力したんです。

吉見　今はむしろ、人格的に影響を与えることが推奨されていないですね。関係が近すぎると、アカデミックハラスメントのリスクが大きくなりますから。それで最近は、教師の学生に対する言葉遣いが妙に丁寧になって、本気で叱ったり、褒めたりはなるべくしないようになった。熱血教師ではなく、カウンセラーのような教師のほうが訴えられずに生き延びていくことができる。問題は、これで本当に人間が育つのかですね。

チームティーチングへの移行が鍵

吉見　教師と学生の関係については、ＳＴ比（学生／教員比率）ということがよく言われます。東大はわりとまともなほうですが、ＳＴ比が悪くなければ良い授業がより多くなるかというとそうでもありません。ＳＴ比を下げることは、授業改善のための必要条件の一つですが、十分条件ではありません。つまり、教員一人当たりの学生数があまり多くては、深い学びを実現する教育はそもそも不可能です。しかしそれが改善され、教員一人当たりの学生数が減らされたとしても、たとえば学生の履修科目数があまりに多ければ、やはり深い学びは実現しないのです。その場合は、出席者の少ない授業が乱立します。出席者が少ないから、少人数クラスと言えなくもないですが、あまり組織化されていない少人数クラスが増えるだけでは、教える側も、学ぶ側も、意欲がそがれていくだけです。

さらに言えば、CAP《キャップ》制で履修単位数に上限を設ける流れもあります。しかし、ただ履修単位数を制限するだけでは根本の問題は変わりません。実質的な学びは、やはり学びの中身と結びついており、形式的な制限や数値目標だけでは良くなりません。どのくらいの数の科目を、誰と、どう学ぶのかという中身の組織化を避けて通れない。

苅谷　お金もかからないし、やろうと思えばできると思うんですが、なぜできないのか、不思議ですね。

吉見　僕が『トランプのアメリカに住む』でハーバードの教育について書いた時、何人かの日本の大学の先生から感想をもらいました。「おもしろかったけれども、ハーバードでやっていることが日本の大学ではできていないというところは違和感があった。自分の学部ではアメリカと同じように厳しい授業をやっている先生が自分も含めて何人もいます」と言われて、確かにそうなのだと思います。一定レベル以上の大学にはそういうやり方で行われてきた授業は昔から存在しました。僕自身も、東大駒場の教養学部教養学科に相関社会科学という新しい学科ができた時の第一期生ですが、当時、村上泰亮《やすすけ》先生の授業では毎週三冊読んで、レポートを書かされていました。みんな「この授業きついなあ」と言いながらちゃんと対応していましたね。そんな科目がいくつかあった。ただ、これはある種のエリーティズムで、特別な能力と意欲を持った先生と学生が出会って初めて可能です。

苅谷　僕の東大の授業も、必修じゃない学生はだんだん来なくなってしまいました。

吉見　どんなにきつくても、二単位しか取れないですからね。そういうのが好きな一部の学生は付いていくけど、普通の学生は無理。やはり、個人の努力だけではなく、制度的に支えられた構造にしないといけない。日本の大学全体の構造として、科目数を減らし、一つひとつの科目をもっと深く密に学べるようにしていくことが必要です。

履修科目数削減は能力と意欲のある先生や学生がいるトップユニバーシティーだけでやればいいということではなく、大教室で一〇〇人、二〇〇人の授業をしているマンモス大学でこそ大切な意味を持つと思います。計算上は、一科目を二単位から四単位に変えれば、ST比が同じでも一科目当たりの登録人数は半分になる。たとえば今、一〇〇人の学生が八単位を取らなければいけないとすると、一科目が二単位の場合は、学生たちは四科目に出るわけですから、単純に考えれば、一〇〇人の教室が四つ必要になりますね。しかし、一科目が四単位になれば、学生たちは二科目取れば良くなり、そこに四科目が用意されていれば、一つの科目の登録者数は五〇人になるはずです。一科目が六単位になれば、一科目当たりの登録者の平均は三分の一、つまり三〇人くらいになります。

もちろん、それぞれの科目の一週間当たりの授業回数は増えます。毎週、二回ないし三回授業があり、先生と学生が出会うことになる。しかし、この二回か三回のうち一回は、TAによる討論クラスにすればいいわけですから、登録者数が大幅に減ることを考えれば、先生の負担が単純に二倍、三倍になるわけではない。少なくとも学生たちからすれば、一つの科目により深くコミットしなければならなくなり、大学での学びは今よりも劇的に深いものになります。その分、個々の先生のクオリティーが問われてきますね。今のように非常勤講師を使ってばら売りするような授業では、到底持たなくなってきます。

苅谷　なるほど。

吉見　たとえば、その三〇人なり五〇人なりの授業に対し、TAが二人か三人付くことができれば、だいたい一五人ぐらいの小グループで討論クラスが組めるでしょう。先生は五〇人を相手に授業をやり、リーディング・アサインメントを出して、TAがディスカッションクラスを一五人単位で運営するということが可能になるのです。一〇〇人教室でずっと講義だけやっているよりは、はるかに深い学びになると思います。
TAの人件費で大学の経済負担は少し増えるかもしれませんが、よりST比的に問題のない授業ができるようになるはずですし、中堅大規模私立大学でもこの仕組みを取り入れることは教育的に大きな意味があるでしょう。

苅谷　とりあえず全体の三分の一の授業で、試行的にそういうやり方でやってみて、だんだん広げていくということはできますね。あるいは、どこかの大学が実験的にやってみるとか。

吉見　この構造転換は、ある程度まで広がれば、もう一気に広がると思います。

苅谷　あとは、大教室ばかりのマンモス校で小さな教室がどれくらいつくれるかという施設の問題でしょうか。

吉見　ところで、今の話の前提は、教員は講義をし、もう一コマをTAがやるという組み合わせですよね。
一コマはTAがやるのが理想的だと思います。

日米でまるで違うTA概念

苅谷　一つ難しいのは、TAをどう確保するかということですね。

吉見　その通りですね。アルバイトとしてのTAではなく、きちんとトレーニングされて授業運営もちゃんとできるTAが大量に必要になってきます。このトレーニングは一般にプレFD（ファカルティー・ディベロップメント）と呼ばれている仕組みですね。東大は、二〇一三年に東大FFP（フューチャー・ファカルティー・プログラム）という博士課程院生レベルのTAトレーニングプログラムを始めて、かなりの成果を上げています。教育システムの面で問題の多い東大ですが、このTAのトレーニングシステムが極めて早くに立ち上がっていることは誇れると思います。

しかし、この種の仕組みは、本当は全学的な協力体制がないとある一定数以上には広がっていきません。さらに国レベルでの取り組みが進み、それぞれの大学のプレFDプログラムでのトレーニングの質がきちんと公的に保証されていくようになれば、いわゆる旧帝大や筑波大、東工大、一橋大、東京外語大といった国立や、早慶をはじめ私立上位校など、比較的大きな大学院研究科を持っているところにTAをする能力を保証された博士課程院生のプールができていきます。もちろんクオリティーのコントロールはとても重要で、重点化以降、大学院はものすごく劣化しているので、博士課程といえどもすべてがハイレベルとは言えなくなってしまっていますが、これはまた別の問題です。

以上のことを前提に、TAの供給には二通りの方法があると思います。一つは、今、述べたこととの延長線上で、博士課程院生の中でプレFDのプログラムでトレーニングを受けたことを証明できる人たちから、大学間連携でTA人材を需要が大きい大学に供給していくマッチングの仕組みを発達させることです。博士課程の院生から見れば、一種の給与付きのインターンのようなものになると思います。

もう一つは、それぞれの大学が、企業やNPOで実務をしてきた人たちにTAを担ってもらう回路を構築していく方法です。その場合、やはり大学間連携で、それぞれの大学がプレFDプログラムが確立している大学にTA候補者を派遣する過程を経るようにしなければならない。イメージとしては、退職前後の六〇代くらいのビジネスパーソンだった人たちに、次のキャリアに移る中間地点でTAを経験させる仕組みです。現状だと、企業でそれなりの地位に達した人たちが、仕事でのキャリアを前面に出して大学の教授職に天下りしていくケースが見受けられます。これは概して、学生にとっては迷惑ですね。そのような天下りのキャリアパスを否定しませんが、それならば少なくともそのキャリア組には、教育とはどのようになされなければならないかを修得するプレFDプログラムの履修や、その後の一定期間のTA経験を義務付けるべきではないかと思います。

苅谷　実務家の人たちにTAをやってもらうとなると、先生との間のコーディネートをどうするかということを考えないといけません。アメリカの大学では、たとえばTAセミナーを組織する時に、ちゃんとそういう専門職の部局がありますが、日本の大学には、授業と教育をコーディネートするプロフェッションがいないでしょう？

吉見　そうなんですね。ですから、この課題への対応が発展していくと、大学教育職のプロフェッションそのものの再定義、そして組織再編という大変大きなテーマに発展します。そこまで話が進んだ時には、やはり文部科学省に特別予算のようなものを組んでもらって、それぞれの大学に組織再編を迫っていくことになるのではないかと思います。

苅谷　確かに、研究支援という目的ではそういう専門職をつくりましたから、それを教育に応用していけばいいということですね。

たとえば、大学の教育学部などで大学教育について専門的に研究している人たちに、なんらかのアドバイザリーボード的役割を果たしてもらうということもできるでしょうね。いくつかの地方ごとに、そういう専門家たちがいて、それぞれの地域にある大学でコーディネートを支援するような方法も考えられるのではないかと思います。

お金以上のインセンティブ

苅谷　ただ、おそらく、そういうやり方がいいというふうにみんなが思わなければ、構造は変わらないでしょう。講義のほうがお互い楽だからということだと、「そんなの面倒くさい」で終わってしまうわけですよ。けれども、そのほうが先生にとっても魅力的だということがわかれば、きっとそちらの方向に行くと思うんです。

僕自身東大時代に、どうして先ほど話したような試みをやったかというと、一つには、自分がアメリカの大学院時代に教わる側でこのような授業を経験して、「これはいい」と思ったからです。たくさん読んで書くのは大変でしたが、それによって自分がどういう能力を得たかということは自分自身が知っています。だから、自分が教える側になった時にやっぱり同じことをやりたいと思ったんです。だって、自分がいいと思ったことは人にもやってほしいじゃないですか。

そして、今度は教える側に回ってみると、実際、大人数にレクチャーをするより、こういう教え方のほうがずっと教えがいがありました。卒業生から「先生の授業は厳しくてきつかったけど、今でも覚えています」と言われたりすると、「ああ、彼ら、彼女らが社会に出てから、大学で学んだ考え方や物事に対するアプローチのやり方が役に立っているんだな」と実感しました。

それに加えて、このやり方は自分の研究にとっても役に立った。学生に質問したりディスカッションをしている時に、学生から思わぬ意見が出てきたりします。そういう時に、授業の途中で立ち止まって「これはおもしろい視点になるかもしれないなあ」と、一人で考え始めたこともありました。時に学生の新鮮な視点は自分にとっての刺激になります。

理系の最先端の分野などでは難しいかもしれませんが、現実社会を相手にする社会科学のような領域では、けっこう学部学生でもおもしろい視点を与えてくれる場合がある。そう考えると、授業の準備は大変だけれど、マイナスなことばかりじゃないとも言えますね。大学でよく言われるところの「研究と教育の両立」が実現できるんですから。

吉見　構造を転換すれば、一人の教員が教える科目数が激減しますが、一つの科目に要する負担はやはり確実に増えるので、短期的には必ずしも授業の労力的な負担が減るわけではありません。一週間当たりの一科目の開講数が増え、ＴＡの管理や、それぞれの学生に対するより丁寧な指導が必要になってきますから、一部では負担が増えるでしょう。しかし、この移行期を乗り切れば、中期的には大学教員の物理的負担は着実に減り、今、苅谷さんがお話しになられたような知的、精神的な満足が増大すると思います。

最も重要なのは、知識を網羅的に伝授するのではなく、いくつかの専門的なフィールドにおいて、物事をどう考えていったらいいのかの方法論を教えることに教育の重心がシフトすることです。つまり、多く浅くから少なく深くに変えることにより、今まであれもこれもやらないといけないとなっていたのが、やらなくていい科目が増えるわけです。履修科目数を半分にするなら教える科目数も当然、半分になります。この科目の絞り込みはなかなか大変だと思いますが、やれてしまえば、たとえば今まで夏学期も冬学期も教えていた先生が、夏学期だけ集中的に時間を使って教え、冬学期のほうは丸ごと自由時間、いわば毎年、短期のサバティカルを得ることができるようになっていくわけです。

苅谷　通年で仕事をするのと、半年間教えるのに集中してあとの半年を自由に自分の研究に使うのとどちらがいいかという話ですね。時間の使い方が完全に自由になるというのは、研究者にとっては、たぶんお金以上のインセンティブになると思います。

吉見　アメリカの大学の先生たちは、けっこう自由時間が多いのです。確かに学期中は本当に大変ですが、学期も三カ月ちょっとで終わりますから、その後は休める。日本のように休みの期間にたくさん会議に出なくちゃいけないということもありません。

日本の場合は、会議や教授会や委員会、入試業務をはじめとする大学の業務といった諸々の雑務がずっと通年で続きますから、研究力が持続的に疲弊していくような仕組みになっています。改革論議も多くの優秀な教授たちが集まって膨大な時間を使って会議で議論していきますから、大学改革をしようとすればするほど、構造的にその改革のための基盤が崩壊していくような仕組みになっている。このまさに自分の首を自分で絞めている構造から脱却していく決め手は、一つは能力と知見を備えた職員に決定権を与え、教員サイドが物事を決める会議を圧倒的に減らすこと、もう一つは科目数を圧倒的に減らし、その大括《おおくく》りになった科目を担当する先生が、複数学期に跨《また》らなくてもいい仕組みをつくっていくことです。先生たちを学内の会議からも、だらだらとゆるく続く授業からも解放し、より短期で密度の濃い授業の運営に集中させていくことが決め手です。

苅谷　確かに日本の大学は教育や研究以外のことで忙しかったですね。

時間のマネジメントの裁量権があるというのはつまり研究時間を確保できるということですから、これは研究に一番重要なことです。日本の大学は「研究重視」というわりには大学の構造自体が研究重視になっていないのが問題だと思います。雑用と言ってはいけないんでしょうが、研究・教育でないところに割く時間をミニマムにするためのサポーティングスタッフを付けるなどして、研究時間を確保するということを最優先にしないと、最先端の研究はできませんし、最先端の研究をやっていなければ最先端の教育はできないです。こうなると、カリキュラムの構造以前の、働き方や人的資源の問題になってきます。

これは人の数とお金があれば解決する問題と言えます。これを言っては身も蓋もありませんが、ハーバードと東大では授業料も入ってくるお金も全然違うでしょう?

吉見 そうですね。入ってくるお金の桁がまるで違う。でも、これを根本から変えるには、東大や京大を私立大学にしてしまうしかないでしょうね。私立大学にして、まず授業料を今の二倍くらいに値上げする。値上げして増えた授業料収入は、すべて貧しい学生のための奨学金や授業料免除、TA雇用や教育のための支援経費に回す。豊かな家庭からはより多くの授業料を徴収し、それを貧しい学生に再分配する考え方です。東大の場合、学生がだいたい二万五〇〇〇人いますから、授業料を二倍にすれば、毎年の収入は一〇〇億円以上増えます。この一〇〇億円で、今までできなかった教育の抜本的な改革をすることが初めて可能になるでしょう。それに、旧帝大はかなり不動産を持っていますから、本当に私立大学になれば、不動産資産の運用が重要な意味を持ってくる。おそらく、持っている不動産を経験豊富な企業と共同で利益追求型で運用することになるのでしょうし、そうすれば相当の不動産収益を期待できるでしょう。でも、大学として、これがそもそも正しい道なのかどうかには疑問があります。

苅谷　その意味では、日本の大学は非常に安上がりで、コストパフォーマンスが高いんですよ。だから、どうしても広く浅くになってしまうんです。

日本の教育改革は古い温泉旅館に似ている

苅谷　文系で卒業論文を書かせるというのは、日本の大学のいい仕組みだと思います。アメリカでは大学によっては卒業論文がなかったりしますが、論文を書くというのは、まさに自分で読んで自分で書くということですから、広く浅い教育を最後のところで補えるのではないでしょうか。

吉見　まったくその通りです。しかし、最近では日本の大学の文系でも、卒業論文がなくなりつつあるんです。卒論指導が正規のカリキュラム体制の中に大きな括りとして位置づけられていないために、細切れの科目の単位をたくさん集めることのほうが重視されていきます。卒論は本来、その前段階のフィールドワークも含めて一二単位くらいの価値があると思うのですね。六単位の大科目二つ分です。今は、卒論という選択肢を残している大学や学部も、それほどの単位数を伴っての制度化はしていないのではないかと思います。しかし、既にお話ししてきた少なく深く学ぶ仕組みを、日本独自の仕方で発達させてきたのが、実は卒論だったのですね。ですから、未来の大学教育のかたちは、多くの学生が四年間に、それぞれ「卒論」のような重みを持つ科目の最終レポートを二五本くらい書く仕組みをどのように行き渡らせていくかという点にあると思います。

ただ、その「卒論」ですが、それは必ずしも文献を読んでディスカッションを重ねるということでなくていいと思います。実践的な社会の現場に出ていって、NPOに参加する、あるいは企業の中でプロジェクトを一緒にやる、災害救助の現場でボランティアをしてみるというふうに、体でまず考える。いろいろな教育があっていいはずですし、そうやって一つのテーマや課題について、時間をかけて、その分野の人たちと密なやりとりをしながら何かを達成するということの中から学ぶことはきっと多いと思います。

苅谷　そこで問われるのは、繰り返しになりますが、大学のゴール、教育のゴールが何かということですね。

実はオックスフォードに限らずイギリスの大学の学部教育は、専門性が非常に高い。日本の高校レベルの数学がわからないという文系の学生もけっこういます。けれども、社会の受け止め方として、大学というところは考える力がつけばいいと思われているから、それで通るんです。日本の場合は、そこが前提になっていませんから、批判的思考力を付け、アーギュメントをする力というのは、社会にとって余計なことになる。

吉見　政府の教育改革に関する文書でも、タテマエとしては正しいのだけれども、本当にその言葉の意味が理解されて使われているのだろうかと疑いたくなるケースがしばしば見られますね。臨教審以来、三〇年もの間、「考える力」や「創造性」の育成が重要だと言われ続けてきたわけですが、そのために何が必要かという根本のところを「考える力」が、政策サイドで弱かったのではないか。

僕もここ何年か、中教審の委員をやってきましたから、文科省の若手官僚たちが本当に誠実にがんばっているのは痛いほどよくわかります。全面的に協力していますし、こんなにひどい世の中ですから、私はもっと国にこそ、文科省にこそがんばってほしいと心から思っています。しかし、委員会に出ていると、優秀な中央省庁の官僚のみなさんは、それぞれの会議で委員の先生方に言われたことを、とにかく文言上、調和させて全部盛り込もうとする傾向があります。つまり彼らは、「盛り込む力」や「調整する力」がすごくあるのです。そこに抜けているのはまさにクリティカル・シンキング、本当の意味で何が本質的かを考え抜き、重要度の高いものに絞り込んでいく力だと思います。結果的に、報告書はよくできているのだけれども、広く総花的なものになりがちです。

苅谷　「ポジティブリスト」ですね。必要なことにきちんと優先順位を付けることができない。日本の組織はスクラップ・アンド・ビルドが不得手です。

吉見　そうなんです。だから、足し算でどんどん足していって、いいことをいっぱい言っているのだけれども、最も本質的なことを実現するために、何かを思いきって切り捨てるということができない。露天風呂もあればサウナも卓球台も和食もフレンチもあるけれども、中が迷路のようになってしまっている古い温泉旅館みたいです。

苅谷　結局のところ、大学人や文科省の役人も含めて、ほとんどの人が日本の大学しか知らないというのが大本にあるんでしょうね。大学というのはこういうものだという理解が変わらない限り、なかなか切り込めないかもしれません。

教室の外にあった学びの場

吉見　苅谷さんが言われているように、後発型の、キャッチアップ型の近代化を進めてきた日本にとって、大学とは、既に外で確立している体系的知識を、情報処理と記憶の能力に長けた若者たちがより効率的に幅広く習得していく仕組みでした。ですから、今も昔も日本の大学は学生が多くの科目を履修し、それぞれの試験をパスして卒業していく場所だったわけです。しかし、それでも一九七〇年代ぐらいまでの日本の大学における知的創造性の場としての役割は、今よりも大きかったと思います。それは、一つには時間的余裕があったからでしょう。要するに、僕たちが学生の頃、一二科目ぐらい取らないといけないとしても、三分の二ぐらいは捨てていたわけですよ。それで、「これは先生がおもしろいから真剣に聞こう」というものに絞り込めていた。つまり、科目数は多くてもメリハリがはっきりしていて、重点的に取り組む科目では狭く深く学べていたんです。

苅谷　僕も、一年の時は部活で忙しくて授業にはあまり出ていなかったな。

吉見　実際、一番の学びの場となったのは、課外活動ですよね。少し前であれば学生運動だったでしょうし、僕の場合は明らかに演劇でした。そういう課外活動的な部分が大学に集中していて、教室以外にも学びの場がたくさんありました。

苅谷　そういう課外活動もどこかアカデミックでしたしね。フォーマルな組織とは別のところで、ある志向性を持った人たちが集まって、いわば教育的な機能を持つ集団になっていたし、それを大学という場所が提供していました。

同学年だけでなく上下も含めた世代が同じ場にいて、他の学部や他の大学の人も関わって延々と議論するような、学問的な関心の高い仲間集団だったと思います。そこでいろいろな人の話を聞くことは、アカデミックな議論であると同時に人格的な影響力にもなっていたんじゃないでしょうか。

吉見　苅谷さんがいた折原浩ゼミ、あるいは私がいた見田宗介《みたむねすけ》ゼミなんて、まさにそうですね。見田ゼミはよく八王子の大学セミナーハウスで合宿をしていて、見田先生はいつもだいたい三時間くらい遅刻してくるのですね。それによくゼミの最中に失踪してしまったりもする。周囲の野山の散歩に行かれていたみたいです。でも、大澤真幸《まさち》や中野敏男、奥井智之、橳島《ぬでしま》次郎、酒井啓子《けいこ》、上田紀行《のりゆき》等々、それに私も含め、それぞれ今は社会学から政治学、人類学までものすごく広い分野で活躍していますが、そのみんなが同じセミナーハウスの小さな部屋に集まっていた時代がありました。

私たちはとにかく見田先生がいようがいまいが議論を続けていましたね。要するに、見田先生はいわば「グル（導師）」でしたから、物理的にその場にいようがいまいが、やはりそこに存在していたのですね。実感として本当にそうです。そういう超アカデミックな場が、東京大学のような大学では、ある時点まで、大学という組織の中に隙間がたくさんあったからこそ可能だったのだと思います。

苅谷　今の大学の中で、そういうものが果たしていた役割や機能を生み出そうとすると、「もっときちんとやりましょう」という話になるでしょう？　おそらく、一九八〇年代のどこかの時点から、社会の中での大学の位置づけが変わっていったのと並行して、ある種のモラトリアム的空間が縮減していったという気がします。

それは一体どうしてなのか、という問いが残りますし、かつての大学で、計画されたカリキュラムとは違う学びが成立していたのだとしたら、それを組織論の中でどう語るかという問題だと思います。

吉見　これは次章の話につながりますね。

世界中の大学で同時発生している問題

吉見　この章では、ハーバードやオックスフォードの教育は、今の日本の大学のそれよりもどういう点で優れていると言わざるを得ないのかという話を中心にしてきました。確かにそういう面は多々あるのですが、一方で、そのハーバード、オックスフォードの教育は本当に万全なのかというと、相当いろいろな問題を含んでもいますね。

たとえば、『優秀なる羊たち』（三省堂）という本が最近話題になりましたが、これはアメリカのトップユニバーシティーの教育を批判した本です。著者のウィリアム・デレズウィッツはイエール大学で長年教えていた人ですが、彼は、非常に高度化したアメリカの教育システムが生み出しているのは、頭が良く、才能にあふれ、意欲に満ちてはいるものの、その一方で臆病で不安を抱え、道に迷い、知的好奇心に乏しく、目的意識を失った学生たちだ、と言います。彼らは、「特権階級の柵のなかにとらわれ、おとなしくただみんなと同じ方向へ進む。すべきことは極めて優秀にこなすが、なぜそれをするのかはまったくわかっていない」。そんな若者たちを、日々アメリカの大学は生産し続けている。

苅谷　何かよく日本で聞く話ですね。

吉見　アメリカの大学教育が「優秀なる羊たち」をつくることに専心することで、さまざまな問題が生じてきました。たとえば、全米の大学では成績がインフレを起こしています。一九六〇年ぐらいまでは、アメリカの私立大学のGPA平均値はおよそ二・五だったのが、九〇年には三・一になり、二〇〇七年には三・三にもなった。なぜそうなったかというと、要するに大学がサービス産業化したからで、顧客である学生たちに未来のキャリアを保証するため厳しい成績を付けにくくなっている。これだけ高い授業料を払ってきているんだからと、本来なら不可にすべきところでも、なんとかカバーしてあげる。

そして、GPAの平均値が上がると、学生たちは他人と自分の区別が難しくなってきます。成績インフレは日本だけじゃないのですね。だから、学生たちはトップを目指して必死にがんばろうというよりも、悪い成績を取らないよう、要求されたことにきちんと応えていこうという感じで、おとなしくなっていく。

さらに、メンタルヘルスの問題も深刻化してきました。アメリカでも、メンタルに問題を抱えている学生の数は上昇し続けています。今日のアメリカの大学では、在学生の半数近くが絶望感を訴え、三分の一近くが「あまりにも気が滅入《めい》って過去一年間機能することも難しかった」と述べているそうです。学内のカウンセリングサービスは大忙しになり、利用率は一九九〇年代半ばから上昇する一方で、カウンセリングにやってくる学生たちの中で、深刻な精神的問題を抱える者の数も全体の半数に及ぶ状況だそうです。

苅谷　オックスフォードでも、メンタルヘルスの問題は非常に大きいですね。この五、六年で、メンタルヘルスについて大学がちゃんと対応している証拠を見せないといけないというふうになってきています。いろいろな取り組みがあって、「メンタルヘルス週間」というのを設け、学生たちがアカデミック・プレッシャーから多少は逃れられる時間と場所を提供するということも行われています。たとえば、リラックスする環境をつくろうということで、学内の庭やホールを借り切って、羊やアルパカのような動物と触れ合えるようにしたり、お香を焚《た》いたりするのですが、これは学生たちが企画を立てて、カレッジが資金も含めて協力しています。

学生も教員もメンタルヘルスについての講習会やワークショップを受けることになっていて、定期的に「参加するように」という通知が来ます。分厚いマニュアルがあって、何か問題が起きたら、どこで誰にどう相談するかというチャートになっている。

なぜそういうことを強化しているかと言えば、ものすごく優秀な人たちがこれだけ集まる中で、しかもすごく高い授業料を払ってきていたら、それこそ親をはじめいろいろなところからの期待も背負っているし、学生たちにとっては本当に大変なプレッシャーです。しかも、教育の場ではチュートリアルという教師と一対一の関係ですから、隠れるところがありません。それで、どこかに逃げ場をつくってあげる必要があるということで、カレッジのアドバイザー制度があるんです。僕たち教える側は二重の役割を持っていて、自分の専門の学生に対しては指導教員（アカデミック・スーパーバイザー）ですが、カレッジで自分の専門とは違う学生に対してはアドバイザーになるんです。カレッジの先生は、学生が学科所属の指導教員との間で問題があると感じた時に、最初に相談する相手となります。

オックスフォードでは成績とは別に、どれだけその学生が学期中に学習面で進歩したかということを毎学期レポートして、それをコンピューターで共有するということをやっています。これは先生と担当学生二人だけではなく、所属学科の教育担当のヘッドやカレッジ・アドバイザーも見ることになっていて、お互いが全部チェックできる仕組みになっています。その中で何か問題があると誰でも「フラッグ」を立てることができるのですが、たとえば学生から「問題があって心配です」とフラッグが立つと、関係者にすぐに回って、しかるべきところが対応する。その一方で、そういうシステム化した対応が制度としてより精緻化されていくと今度は隙間がどんどんなくなっていきますね。

ただ、そこがイギリスのイギリスたるところで、文書主義だから文書を精緻化するんだけれども、厳密ではないという印象があって、運営上、どこかに隙間が残っているんです。これはおそらく、第一章でも少し触れた、お互いに大学人がフェローとして、あるいはファカルティーとしてリスペクトしあっているということがあって、よほど問題が悪化しない限り、その人の裁量権に任せるということと関係していると思います。それだけ責任も負うということですが、そういう裁量権の大きさは、日本のようにインフォーマルではなく、歴史的に大学人が敬意を払われているということから、みんながそれぞれ自覚しているんです。

吉見　メンタルヘルスの問題は明らかにオックスフォードだけではなくて、世界中の大学で同時多発的に起きていることですね。日本の大学でも、メンタルに問題を抱えている学生、それに教職員の割合が明らかに増えています。そしてこれは大学の中だけの問題ではない。同じ問題は企業でも増えているし、ほとんど社会全体で増えている。

苅谷　若者がひ弱になっているからというのは一つの解釈ですし、そういう面もあるとは思いますが、それだけで説明できることなのかどうかはわからないですね。運営上大学にある隙間の話とも関連することで、制度をきちんとしようと思うと、プレッシャーからの逃げ場は当然、なくなります。これは大学だけではなく社会全体の問題と言えるのかもしれません。

吉見　その話が、たぶん先ほどの「意欲はあるのに目的意識がない学生」の問題とつながりますね。今の社会に蔓延しているのは、システムがあまりにもでき上がりすぎてしまっており、その中で育成されるために、システムの根本が崩れた先をまるで想像できなくなってしまった社会の息苦しさのような気がします。

グローバルな知識基盤型社会の中で、大学は新しい経済体制との結びつきを急速に強めてきました。大学の内部に企業的な知識生産の部門が持ち込まれるようになっただけでなく、ＡＩ（人工知能）やデータサイエンスを担う人材の供給も大学に求められています。つまり大学がすっぽり知識基盤型の資本主義体制に組み込まれていくことで、もはや大学はそうした資本主義の外部ではあり得なくなった。かつてはまあどうでもいいと思われていた領域が失われていき、すべてがしっかりシステム化されていく中で、大学が社会からの「逃げ場」であることができなくなり、次第に大学の中の「逃げ場」も、コンプライアンス上問題があるとか言われてどんどん狭小化していく。

するとそのしんどさは、最後は個々人のメンタルな部分に内面化され、時には内側から暴発してしまうことになるのではないでしょうか。だから、システムが設定する課題の解決に向けての意欲は絶えず喚起されているのですが、なぜそうするのか、その根底を当人たちが問うことは本当に困難になっています。

大学入試が大学問題なのか

吉見俊哉

苅谷さんとの四日間にわたる対話の中で、二人ともおそらくは意識的に焦点化しなかったテーマがある。それは、大学入試だ。昨今は、英語入試で民間試験を導入するかどうかの議論が喧《かまびす》しい。入試は、世間的には大学をめぐる問題の中でも最大の関心事だろう。だが本当は、「入試」が大学の根本問題ではない。「入試」を大改革しても、今以上に日本の大学教育が良くなるわけでも、本書で論じた諸問題が解決するわけでもない。

そもそも中堅以上とされる大学は、入試で失敗してきたのではない。対談でも論じたように、少なくとも入学時の東大生の学力は確実に世界トップレベルである。入試突破直後の日本の高校生の学力は、世界的に見てかなり高い水準のはずだ。その入学者たちの知的ポテンシャルを、今の大学が本当に伸ばせているのかが問われているのである。

大学入試が中高生やその親たちにとって切実な問題であることは否定しない。大学入試

「ラドクリフ・カメラ」と呼ばれるオックスフォード大学の図書館の一部

の変化は、中学や高校の教育、受験産業に多大な影響を及ぼす。しかし、これは今日の大学が抱える問題の核心ではない。むしろ、入試を大学の根本問題であるかのように受け止めてしまう社会の「常識」にこそ問題の根本がある。要するに、この国では大学がなんであるかが理解されておらず、そこでの学びの可能性が信頼されてもいないのである。

対話で論じてきたように、大学はカレッジとファカルティーとユニバーシティーという三つの次元を内包している。大雑把に言って、カレッジが教師と学生の協同組合という中世以来の大学に由来するならば、ファカルティーは研究と教育の一致という近代大学のフンボルト原理に親和性を持つ。問題はユニバーシティーで、より全体的であると同時に理念的でもあるこの次元は簡単に定義できない。いずれにせよ、大学の根底には教師と学生の共同体という性格が残り、大学入試とはこの共同体への参加審査である。学力的に他のメンバーからかけ離れていれば、共同体への参加は困難である。他方、本当はこの参加資格は学力だけで決められるべきなのか、その受験者が共同体の未来にどんな貢献ができるのか、どんな意志を持っているのかも重要な基準になり得るとされてきた。

オックスフォード大学は今もなお、チュートリアルやカレッジの仕組みを通じ、この教師と学生の学びの共同体という次元を大切に守っている。この大学の根幹が、英国では社会的にもしっかり認知され続けてきたということがうらやましい。日本の大学は、六〇年代末の大学紛争で、学生側からこの共同性（の虚構）に破産宣告がなされて以来、本当の意味での共同性の再構築を、いまだ社会全体の制度設計として実現できていない。

大学入試は必要だ。入試のない大学がいいわけではない。しかし、「大学とは何か」の議論を差し置いて「入試をどうするか」の議論に集中するのは、やはり本末転倒である。

第三章　社会組織としての大学

大学組織をめぐる二つの問題

吉見　この章で取り上げる、社会組織としての大学、つまり職員の問題について、苅谷さんと議論したいことは大きく分けて二つあります。

一つは、これまでの話の中にも出てきた専門職キャリアの問題です。大学をより風通し良くし、水平的な流動性をふくらませていくためには、それぞれの職種についての専門性を確立し、それをクオリファイしていく仕組みをつくるしかありません。けれども、日本の社会はそうではない仕組みで動いているので、そこで齟齬《そご》が生じ、なかなかタコつぼから脱け出せないという問題があります。では、イギリスやアメリカのシステムはどうなっているのかという話を苅谷さんにお聞きしたいと思っています。

二番目は、俗に言うアカデミック・キャピタリズムの問題です。大学は、八〇年代末以降に起こってきたグローバルな知識の産業化・資本化の波にもろに飲み込まれて知識サービス産業化し、そこからプロフィットを得ることによってなんとか運営を賄っていくというのが今の大学の仕組みになっています。そのような状況において、専門職は知識サービス産業の集合体のようなものになっていくのか、という問題です。

苅谷 そうですね。では、まず一つめの専門職キャリアの話をしていきますが、これは二番目のアカデミック・キャピタリズムとも関連する問題です。

特に、アイビーリーグのような大規模で資金も潤沢なアメリカの私学では、たとえば学長やプロボストのような役職に、専門性が高いプロフェッショナルを雇うことができるわけです。しかも、その種の人たちだけのマーケットができ上がっているでしょう？

吉見 キャリアパスがあるということですね。

苅谷 アメリカの企業のCEOのマーケットとちょっと似ていて、一般の教授と比べてべらぼうに高い給料をもらえたり、何々を達成したらボーナスがどれだけ付くなど、賃金ではない報奨の仕組みがあったりしますね。つまり、単にスキルや専門的知識があるということではなく、その人たちの処遇におけるプロフェッショナリゼーションが進んでいる。

財政的な規模が違うということだけではなく、これにはアメリカ的なある種の機能主義・専門職主義が関係しているでしょう。また、イギリスの大学職員の専門性は非常に高いのですが、これはアメリカに倣ったものです。英語圏の大学、特にオックスブリッジのようなところは、アメリカの大学と競争をしなければなりませんから、やはり専門性を高めざるを得ないということになります。

英語圏では、いわば世界中の学長レベルの人を引っ張ってくる、グローバルな仕組みができ上がっています。オックスフォードの現在の学長（チャンセラー）は、以前、香港《ホンコン》の総督だったクリストファー・パッテンですが、これは名誉職のようなもので、実質的な学長はバイス・チャンセラー（副学長）と呼ばれています。今、この役職に就いているのはルイーズ・リチャードソンで、オックスフォード八〇〇年の歴史の中で初めての女性で、しかも、オックスフォードの生え抜きではありません。ちなみに、その前のバイス・チャンセラーも、北米の大学の学長経験者でした。

その人たちは確かに有能です。結局、一番求められているのは外部資金をどれだけ集められるか（ファンドレイジング）の能力で、これは三八あるカレッジのヘッドも同じです。そうすると、大学のトップがどれだけソーシャル・キャピタルやネットワークを持っているかということが大きな意味を持つことになります。バイス・チャンセラーにもなると、本当に億単位のお金を取ってきますから、大学にしてみれば、高額な報酬を支払っても割に合うわけです。日本的に言えば権限も集中しますが、研究や教育といった分野は、ファカルティーやカレッジに任せるので、彼らの仕事は、あくまで新しいものを大学につくる、あるいは奨学金の大きなプールをつくって、それによって優秀な博士課程の学生を呼び込むといったことです。専門職だけではなく、教員レベルでもマーケットが成立していますから、パイが大きくなれば優秀な教員を海外から呼んでくることもできます。

学長クラスに限らず、たとえば大学図書館の司書や図書館長のような仕事では専門性が非常に重要です。ハーバードにはかないませんが、私のいるオックスフォードの日本研究の売り物は図書館で、日本研究関係の図書館としては日本語文献を含めてヨーロッパの中で最も充実しています。こういう学問ごとに専門性の異なる大学図書館の職員がどういう専門的な知識を持っているかによって、どういう蔵書が揃うかということが影響されます。ですから、語学力を含めて、非常に高い専門性が求められます。裁量権やそれに見合う報酬、尊敬も含めた専門職職員の地位がはっきりしています。これは日本の大学との大きな違いで、日本の大学では先生が一番偉くて、事務職員というカテゴリーは一般の教員からはあまり見えてこないでしょう?

吉見 そうなんですよ。

教授中心の大学から卒業する

吉見 僕がハーバードで教えた時にも感じたことが、その職員の専門性ですね。まず、現地では自分の身分を確定しないといけないわけです。それは教授会で認められるということだけではなく、社会保険をどうするか、IDカードをどうするかといった些末《さまつ》なことも含めた諸々の手続きが必要になります。日本であれば、海外から客員教授を招聘《しょうへい》して、その人にある身分を与えていく時に何が行われるかというと、その学部の総務課の窓口で、たくさんの書類に必要事項を書き込んだり、指定された書類を集めたりしていくでしょう。それで、それぞれの書類が関係する委員会に回っていく。

苅谷 ぐるぐるハンコを押していく、稟議書《りんぎしょ》みたいな感じですね。

吉見 面倒は面倒ですが、下ごしらえは事務職員がしてくれるので、たいしたことではありません。ただ、多くのことで教員のコミッティーが了承するプロセスを経る。それがハーバードでは、担当職員が最終の決裁までしており、教員のコミッティーに書類が回っていくことはないように見えました。一言で言うと、分業化されているのです。

苅谷　受け入れという判断は教員がやるにしても、トップがそこで認定・承認すれば、細かいことはそれぞれの担当の事務職に任せて、教員はタッチしないということですね。オックスフォードでもそんな感じですよ。

吉見　日本の大学、特に国立大学では、教育研究に関わること以外の管理業務で、最終的には教員のコミッティーが決めることになっている事項がとても多い。だから、教授会がすごく長くなるし、さまざまな委員会が組織されていく。どこの学部でも、教授会が三時間、四時間になるのは珍しくありません。これは別にのろのろやっているわけでも、紛糾して議論が長くなるということでもなくて、それだけ案件がたくさんあるのです。

しかも、それぞれの案件に関連する委員会も多く、その委員会でまた熱心な議論をしていきます。職員は、それらの委員会で決めてもらわないと動けないし、職員が先生方を差し置いて自分たちで決めてはいけないという意識を持っています。だいたい、時折元気な職員がいて、職員サイドの判断で物事を進めていくと、偏屈な先生から一体なんでそんな進め方をするんだ、と文句が出たりすることがある。それで、職員も委縮してしまうのです。だから、何かあると「先生方が判断してください」となってしまう。責任を取りたくありませんから、とは言いませんが。ただ、決めると言っても、実際には先生たちにとっても自分の専門外のことですし、コミッティーも形式的で、だいたいは事務方が下ごしらえした通りに決めているわけです。これは、無駄ですね。

教授会自治を守るという見方もあるかもしれませんが、実際のところは教授会自治なんてそんな立派なものではない、そう私は確信しています。ですから、学生の成績や学位授与、教員人事など、いくつか教員サイドがどうしても決めるべき事項がありますが、それ以外の、たとえば施設管理とか財務運営、奨学金や授業時間割、さらには図書関連の業務だとか、そういうことは職員サイドに任せるべきですね。日本でも私立大学はだいたいそのようになっていると思いますが、国立大学は今も驚くほど教員主導です。それで、先生たちは「忙しい、忙しい」と文句を言い続けているのですが、「忙しさ」から解放されるには、多くの分野で自らが抱え込んでいる権限を手放すことが不可欠です。

要するに、日本の大学、とりわけ国立大学は分業化ができていないのです。この教員の決定領域と職員の決定領域の境界線を引き直すこと、それによって一方では職員の専門職化を進め、他方では教員の管理業務を大幅に減らすことがとても重要ですね。大学自治とは、けっして何でもかんでも教員たちが決めていくことではないはずです。

苅谷　民主主義ですから、オックスフォードでも当然、いろいろな委員会や会議はあります。ただ、その前提となっている諸手続きを遂行する過程や意思決定の過程に参加する度合いが、オックスフォードでは分業化されているんです。もちろん、議題によっては、すごく時間のかかる議論をしなければいけない時もあるし、特殊な事例では、そのことについてよく知っている人が異議申し立てをする権利もあります。でも、基本的には時間は非常に短いですし、担当にならなければ、委員会に出ないといけないということもありません。情報はメールで流れてきますし、一般の教員は一学期に一、二回、デパートメントとカレッジの会議にそれぞれ出席すればいい、というぐらいです。

吉見　決める人は、その人の専門性と責任、決定権において決める。ですから大学の他の構成員は、その職員や職員チームの専門性を信頼して、いちいちの決定について議論をすべきでないと思います。その職員なり職員の部署が決めたことに大きな問題があるような場合に限り、その組織の執行部や教授会のレベルで問題提起していけばいいですね。

苅谷　一度、カレッジで長時間議論するテーマがありました。ある時、大学がポートメドウという広い共有地の脇に大学院生用の寮を建てたんです。それが景観を害しているということで大学の中で反対運動が起こりました。寮には既に学生が住んでいるのですが、

「最上階を全部取り払えば景観を害さなくなる」と主張する先生たちが出てきたんです。それで、カレッジの会議でも、学生の利害と景観との論争が延々と続いたわけです。「イギリスらしいな」と思ったのは、人事やポストではなくて、大学と公共の利害の関係をテーマに議論が続くんですね。景観のような、公共的な領域に対して大学が持っている責任はいかに、といった話になると、一家言ある人がけっこういて、次々と意見が出たんです。

もう一つおもしろいなと思ったのは、カレッジのワインを選考する委員会のメンバーを決めるのにも時間をかけました。といっても夕方五時過ぎまで議論することはなくて、一定の時間になったら「では、この議題はまた次回に」と議長が引き取ってしまう。これは「うまいな」と思いました。

疲弊する若手教員たち

苅谷　今は、世の中が複雑化して案件が増え、いろいろな要求も出てきています。それらにすべて対応するとなった時、機能分化しなければ、先生たちは忙しくなるばかりでしょう。

各部局で学問分野も対応も違いますから、オックスフォードでは、それぞれの部局で必要な専門職員を雇っています。大学として対応しなければいけない仕事が出てきたら、専門性を持った人を雇って、その人が教員をサポートする。委員会はあるし、委員会のヘッドもいますが、実質的な業務はその専門の職員が行います。コンピューター化が進んでいますから、困ったら、サポーティングスタッフに質問をすればすぐにアドバイスしてもらえるし、指示に従えば解決できるようになっている。

吉見　そこが日本と違うんですね。日本の場合、先生たちがボランティア的に何もかもやるという構造になっています。たとえば一連の教育改革で評価制度の導入が大学でも進み、それぞれの学部や研究科に評価対応委員会が組織されています。委員長になるのは、たいてい仕事ができる若手教授です。せいぜい助教が一人付いて、数人の教員を中心とするチームで評価のための文書作成から諸々の実務をこなします。大変な労力です。諸々の委員会でも、評価項目に対応する文書を作成していかなければならない。あらゆるところで似たような状況が発生していて、評価そのものにみんながものすごく疲れています。

苅谷　オックスフォードで、新しい仕事が発生するとします。先生たちは基本的に仕事を増やしたくないわけだから、どうしたら仕事を増やさずに新しいことができるかということを、大学がまず考えるんです。たとえばイギリス全体で行われている大学の研究評価

（REF Research Excellence Framework）であれば、当然、研究業績を集めないといけないわけですが、最近、大学全体で研究業績を集めるためのコンピューター化されたシステムをつくりました。「ウェブ上のインストラクションにアクセスして使い方を覚えてくださ い」というメールが回ってきて、学術雑誌に掲載が決まったら必ずそこに登録するようにしておけば、あとは全部コンピューターが自動的にやってくれるんです。

吉見 まず大学全体で一元的な仕組みをつくるのですね。先生たちが仕事を増やしたくないのは日本でも同じですが、なかなかトップダウンで物事が動くようになっていない。中小規模の私立大学はかなり事情が違いますが、日本の大規模国立大学は、おそらく世界のどの国の大学よりもボトムアップ、あたかも民主主義的であるかのように振る舞います。ですから大学がすべての学部にトップダウンで一元的な仕組みを導入することを嫌う。

苅谷 まず、大学というところが組織として守らなければいけないものは何かという前提がある。研究と教育は先生にしかできないわけですから、他の仕事が発生した時は、先生の研究と教育の妨げにならない仕組みを大学全体で考える。先生たちが忙しくて研究と教育がおろそかになれば、大学にとってはマイナスですし、まして研究評価で先生が忙しくなって研究できなくなったら、本末転倒です。

吉見　その本末転倒が、まさに日本で起こっている気がします。日本は「出る杭は打たれる」というように、平等主義的な意識が強い社会ですから、物事を決めるにはボトムアップで調整をしていかないとなかなか通らない。何か新しい案件が出てきたら、まずそれぞれの学科や専攻、学部といった小さな単位の部分組織で対応を検討していかなければいけないと多くの人が思い込んでいる。しかし、対応の単位が小さくなっていくと、専属の人を雇うお金もありませんから、誰か先生を選んで、自分たちで対応する仕組みをつくるということに一生懸命になっていってしまいます。それぞれから出てきたものを統合していくために、今度は全学で新しいコミッティーが組織されて、各部局で委員長をやった人が集められ、また委員会に参加しなければいけなくなるといった感じです。

苅谷　ボトムアップのもともとの前提となるのは、当事者が自分たちで決めるということだと思うんです。ただ、それが組織のあり方によって複雑になっていくと、非効率になってしまう。オックスフォードには、確かにトップダウンの面がありますが、その前提は、当事者たちの負担をあまり増やさないということです。トップダウンであっても、ボトムの利害を考慮してのものであれば、ボトムは反対しません。

吉見　本来、そのはずですよね。

大学が生き残る二つの道

吉見　ここまで話してきたことは二番目の問題にもつながるわけで、要するに分業化ができなければ、新しい知のグローバリゼーションには対応できません。どう対応するのがいいかも問題ですが、一九八〇年代以降の世界の大きな流れは、知識が資本になっていった、あるいは現代の資本主義にとっての生産力になっていったことだと思います。

それ以前であれば、大学はまずは教師と学生の共同体で、そのバックに職員がいれば良かったわけです。しかし、九〇年代以降、大学はグローバルな知識資本主義の中で次第に社会の営利セクターに変容し、その知識や知的財産権、それに知的人材が資本の一部として組み込まれていきます。大学は、そのような知的資本の大きなプールとなり、湧水にもなる。そうした意味で大学の知的生産力を拡大させるために、特別プログラムや遠隔教育、さまざまな産学連携の仕組みが導入されていきます。大学の周りを、知識や創造性の商品化を担う多くの専門職集団が取り巻いていくのです。こうした中で、大学教授職や高等教育、教師と学生、そして大学そのものについての再定義が進んでいくことになったのだと思います。つまり大学は、それまでの公共的な学びの体制から、むしろより資本主義と直結した知と人材育成の体制へと転換しつつあるのではないでしょうか。

　新自由主義の下で国家が小さくなり、公的な資金が削られ、日本の大学では運営費交付金や公的補助が縮小されていきましたが、そうなれば、大学が生き残っていく道は二つしか残らなくなる。一つは授業料の値上げであり、もう一つは、授業料でも公的資金でもない第三の収入を増やしていくことです。これには寄付も含まれるでしょうが、大学自身が金を稼ぐ、あるいは外部資金を取ってくる仕組みも発達していく。そして、この社会の変容の中で、それまでのようにみんなで議論し、みんなが納得しないと動かないというスピードでは、大学は社会にまったくついていくことができなくなります。アメリカの大学は、トップダウンでこの大学の再定義を推進していったように思われます。機能を拡張し、専門の人材を機能別に充てる仕組みを早くからつくってきましたよね。

苅谷　やっぱりアメリカが嚆矢《こうし》なんでしょうね。アメリカの大学、特に大学院の存在感をグローバルな市場の中で高めていき、そこに世界中から優秀な学生や先生を集めて、それによってアメリカの経済が回るという、日本的に言えば、まさに産学協同をグローバルに展開したわけです。それが可能だったのは、英語だから、あるいは移民国家だからということもありますが、アメリカの大学の組織としての柔軟性も大きいと思います。

アメリカの大学が巧みなのは、大学という制度全体としても機能分化が非常にうまくできているというところです。一部のエリート機関はその多くが私立で、重要度も非常に高い一方、それとはまた別の機能を持った州立大学群の中核となるフラッグシップの州立大学があり、その下にさらに一般の教育を支える州立大学やコミュニティーカレッジがあるというのは歴史的なシステムだと思いますし、それをアメリカの資本主義経済がうまく利用したと僕は思っています。

そうやってアメリカから出発したものがイギリスでは九〇年代終わり頃から行われていくわけです。カレッジ中心のそれこそ中世的な大学だったオックスフォードも、今から二、三〇年前にがらっと変わりました。デパートメントをつくり、大学院を強化し、それに対応する組織としての「ユニバーシティー」の統合性を高めていくというふうに機能分化しながら拡大してきたのは、アカデミック・キャピタリズムが顕在化してきて、アメリカに対抗せざるを得なくなってきたからです。グローバルなアカデミック・キャピタリズムの競争の中では、言葉は悪いですが、ビジネスとして一番速く回せて、授業料も高く取れる一年制修士課程の大学院に学生を集められる組織にしなければいけない。今でもカレッジの学生は七五~八〇パーセントはイギリス人ですが、大学院レベルになるとイギリス人は四割しかいなくて、留学生が六割になります。優秀な学生を連れてこなければいけないとなった時に、イギリスだけで完結しなくなったら、カレッジだけではもう無理なんです。
カレッジも抵抗をやめたわけじゃないですが（笑）、カレッジはもともと国内の教育需要に応えてきたので、グローバルに対応する義務はない。あくまでコミュニティーであるカレッジとユニバーシティーが組織・運営する大学院とのそういう組み合わせがおもしろいですね。

吉見 カレッジにとっては自分たちの伝統を守ることが根本の役割なんですね。でも、グローバルなアカデミック・キャピタリズムに対応していかないと、オックスフォード全体が沈んでいく。だからユニバーシティーはその役割を担っていくということですね。

日本の大学にはユニバーシティーがない？

吉見 日本の場合、特に旧帝大や早慶のような大規模総合大学では、学部の力がものすごく強いですね。学部とは、つまりファカルティーです。ファカルティーの力が、ユニバーシティーの力に優越するかに思える場面もある。大学というのは要するに、基本的にはカレッジとファカルティーとユニバーシティーの三元的な構造によって成り立っているのですが、この三つの次元の関係は、それぞれの国や大学によってかなり異なります。カレッジとは、全寮制のどちらかと言うと初期段階の高等教育課程を指すことが一般的で、日本の場合、旧制高校が典型的なカレッジでした。占領期の教育改革は、あろうことか旧制高校を廃止することでせっかく優秀な人材を輩出する基盤をなしていた、このカレッジの仕組みを破壊してしまう。東京大学の場合、旧制一高の伝統は、教養学部の中に組み込まれることで、戦後もだいたい大学院重点化の前くらいまでは残っていました。

これに対してファカルティーは文字通り学部で、基本的には専門的な研究教育を担う組織の教員集団を指します。東大はもともと医学部も工学部も、大学ができる前からあったので、帝国大学の知的権力の基盤はこの学部にありました。しかし、これも占領期の教育改革で、もう一つのファカルティー、つまり大学院＝グラデュエートスクールの仕組みが発達し始める。そしてとりわけ九〇年代、大学院重点化によってファカルティーの重心は、学部から大学院研究科、つまりグラデュエートスクールに移行していくのです。

問題は、こうした複雑な構造の中でのユニバーシティーの位置です。カレッジやファカルティーは極めて具体的な教職員や学生の集団です。他方、ユニバーシティーはこれらすべて、つまりカレッジもファカルティーも、学部も大学院研究科も包摂していますが、その集合というよりもう少し理念的な存在なのだと思います。大学とは究極的にユニバーシティーであり、そこにカレッジもファカルティーも含まれるのですが、ユニバーシティーはそれらの総和以上の何かです。たとえば、社会との関係で大学が矢面に立つのは常にこのユニバーシティーのレベルです。大学の実体的な動きの多くはカレッジやファカルティーのレベルで起きていますが、外から見た時に大学と言えばユニバーシティーのことを指します。カレッジやファカルティーは実体がありますから、どちらかと言うと既存秩序を守ろうとする傾向を持ちます。ですから、大学を変えていく、これに新しいかたちを与えていくのはユニバーシティーの役割です。日本の大規模総合大学で学部の力が非常に強いとすれば、それを変える力はユニバーシティーによってこそ生じます。

苅谷　大学院重点化の時に、兆しはあったんですか。

吉見　あの時、大学院研究科を単純に学部の上に載せるのではない、新しい大学のかたちをリードするような重層構造がつくられるべきだったのだと思います。しかし、それには学部と大学院研究科の関係を総合的に調整していく大局的な視点を持ったユニバーシティーの構築が何よりも必要でした。それがないと、日本の大学はなかなか学部の連合体、大学院研究科の連合体以上のものになれません。一方ではカレッジやファカルティーが伝統を守り、他方では大学全体を新しい方向に導く力としてのユニバーシティーがそれらと拮《きっ》抗《こう》し、対話し、協力もするというのが、望ましい大学のかたちだと思います。大学院重点化はしかし、実際には既存の学部組織の予算増や大学院定員の国際標準化に向けて進められたので、こうしたユニバーシティーレベルのデザインがあったとは言えません。結局、既存の垂直的構造がさらに強化される結果に終わった面もあったと思います。

苅谷　結局、スクラップ・アンド・ビルドというのが、改革の重要な部分ですよね。オックスフォードはスクラップをあまりしないままでビルドをしてきました。そういうユニバーシティーの機能に対して、カレッジというのは共同体ですから、景観やワインの話のようなことが重要になる。そういう二重組織であることによって、スクラップ・アンド・ビルドを免れているんだと思います。

そうやってスクラップしないままビルドをするから、ビジネススクールにしても公共政策大学院にしても僕らがいる地域研究の大学院も、「役に立つ」とされている学問をやるところは中心じゃなくて、周辺につくるんです。

吉見　周辺に新しいものをベンチャー的につくるというところは、東大も似ています。柏キャンパスの新領域創成科学研究科も、私のいる大学院情報学環も、あるいは公共政策大学院も、やっぱり中心じゃなくて周辺です。古い学部や大学院研究科の仕組みにはなかなか隙間がありませんから、こういう周辺部の組織が隙間を利用して、ユニバーシティーの目指す方向と結びつき、大学改革の原動力となっていくのです。大学キャンパスの中心部には、概して伝統的な、重い過去を背負ったファカルティーの校舎があります。これに対して周辺部や外側に新しい、変革を使命とする組織が生み出されていく。この位置的な関係は、大学という組織のダイナミズムを見事に表現しています。

苅谷　でも、東大の場合は、それを同じ組織原理でやってしまったでしょう？　本当は組織原理が違うものをつくらなければならないのに。

吉見　そうですね。そこに東大の限界がありますね。旧制高校以来のカレッジ、帝国大学を支えていた学部、戦後、アメリカ化と大学院重点化の中で中心化していった大学院研究科、その三つの先行例とは異なる第四の大学を支える教育研究組織とは何でしょうか。私自身は、東大の情報学環・学際情報学府という組織で、この第四の類型を生み出していくことの難しさを痛いほど経験してきました。私たちの「学環」という組織が目指したのは、紛れもなくこの第四類型だったわけですが、構成員の先生方は、組織が多少なりとも安定してくると、すぐに第三の類型である大学院研究科を目指したがります。もちろん制度上は、私たちの「学環」は大学院研究科ですので、当たり前と言えば当たり前ですが。

苅谷　なぜ日本では学部型に戻ってしまうかと言えば、利害を調整する仕組み自体が昔の学部組織的なものでしか対応できないからではないかと思います。新しい原理を持ち込んだ時に、得しないで損ばかりする、忙しくなるばかりで研究する時間もなくなるとなれば、その仕組みに対して反乱が起きます。それで、古い仕組みに戻るという力が働いてくる。もし新しい仕組みが自分たちのためになるということをみんながわかっていれば、そちらに移行するじゃないですか。先ほどのREFという評価の仕組みがトップダウンでおりてきた時に、基本的に先生たちの利害を守っているという前提があれば、誰も反対しない。大学の先生にとっては、研究する時間が増えたり、研究・教育以外の業務が軽減されたりするなら、「そちらのほうがいい」となるはずです。

吉見　新しい組織原理が成功するかどうかの鍵は、それによって大学の先生たちが時間的に楽になったり、おもしろい研究が生まれたり、何かいい思いをできるかどうかにかかっているということですね。そのような個々人にとっての利益が、組織改革の持続可能性を支えている。だから第四類型の研究教育組織が成功するためには、それがあることでそれぞれの先生が得をするようになっていなくてはならない。本当に、耳の痛い話です。

大学の中にある「村の寄り合い」

吉見　おそらく、世界中のどの大学でも、教師や学生のメンタリティーはそれほど変わらないのだと思います。実力も、それぞれの国のトップ校は、少なくとも学生の知的能力という点ではそれほど大きな差があるわけではない。違うのは、それらの大学で教育が営まれていく際の制度的、慣習的仕組みなのではないでしょうか。

日本の大学教授会はまさしく村の寄り合い、あるいは商店連合会みたいなもので、その分野の専門店主が集まって一種のギルドをつくっています。それぞれの寄り合いに自然発生的なしきたりや慣習、価値観があって、それを踏まえて物事が決まっていくから、寄り合いが違えば常識も違う、物事の決定の道筋がまるで違うことになります。このへんの違いが、海外から来た外国人教員の方々にはまったく理解できないのですね。彼らは多くの場合、日本語もネイティブ並みにできますし、日本の歴史や地理、政治や経済のことについてもかなり詳しく知っています。しかし、日本の大学で物事が決まっていく過程がまったく理解できず、なんだか自分だけが疎外されているような気分になってフラストレーションをためていきます。個々の寄り合いで、先生たちは「情報は共有しましょう」「みんなで議論しましょう」としきりに言うのですが、本当はその言い方そのものの中に無神経さがあるのですね。物事を決めるルールが明示的でなく、しかもしばしば変化するので、村を超えたレベルでの意見の開放性や対話性が一向に育たないのです。

苅谷　「責任」という考え方が人々の行動や組織、秩序の中でどういう機能や役割を果たしているかということの違いだと思います。日本では、個人の責任について言う時、わざわざ「自己」という言葉を付けて「自己責任」と言うでしょう？　これは一九八〇～九〇年代からよく言われるようになった言葉です。でも、英語で「セルフ・レスポンシビリティー」という言い方は普通しません。「レスポンシビリティー」だけで十分だからです。責任というのは、もちろん個人に帰属するけれども、それは相手に対するレスポンドができるということで、必ずそこに権限も含めた人間関係の信頼というものがあるから成立している。

レスポンシビリティーは応答可能性であり、まさにレスポンスなんですね。責任を引き受けた人たちはそれによって権限が得られるわけですが、その権限に対する自覚を持って対応していく。そのことへの信頼があるから、委ねられるし、任せられる。

たとえば、カレッジのフェローという概念はお互いに仲間で、対等です。少なくとも、我々がフェローとしてあなたを選んだ以上はあなたを信頼しますという、非常に水平的な関係です。その代わり、非常に特権的でもあって、たとえばあるカレッジでは、そこのフェローでないと芝生の上を歩けなかったりします。そもそも、ガウンを着てディナーに参加できる権利からして、きわめつけのメンバーシップの差別化であり、特権化が行われているわけです。その代わり、メンバーの中では完全に対等で、お互いに信頼し合う前提があるので、日本の共同体とは違うかたちの一種の責任感が生まれる。干渉もしないけれど、委ねられた人が自分の責任でもってちゃんとやるので、日本的な共同責任みたいなかたちにもならないということですね。

吉見　日本は共同責任が多いですね。しかし、日本の共同責任は、実は無責任を意味することが少なくない。誰も個人としてレスポンシブルでないのですね。

苅谷　日本の大学でも、委員会のメンバーシップを共有している人たちの中で信頼関係があれば、委員長の決裁に委ねられることがたくさんあってもいいわけですよね。先ほど、「村的」と言われたけれど、要は個人の立ち位置が違うということなのかもしれません。

前例主義は覆せるのか

苅谷　基本的には、レスポンシビリティーという概念は個人主義を前提にしていて、個人主義は他者の自由を保障することに対する信頼です。これは、共同体的な信頼とは、ちょっと違うものなんですね。あまり文化論にはしたくありませんが、建前としての個人主義では、集団的な責任にしてはいけないんです。

吉見　同感ですね。

苅谷　イギリスでは、その建前をみんなが信じているから、不都合があっても、一応、それで回る。それを「いや、そんなことやったことないから、やっぱりみんなで責任を不明瞭にしながら共有しましょうよ」とやっていたら、専門家は育ちません。

日本の組織って、企業でもジョブ・ディスクリプションが明確にできないでしょう？　それはつまり、その人のスキルとその人の業務とその人の業務に対する責任が明確にならないということじゃないですか。

吉見　そうです。だから、みんなで決めるというふうになっていくんです。

苅谷　個人主義においては、ジョブ・ディスクリプションが明確であれば、その人はそのスキルによって自分の権限を認められていることに対して責任を負う。つまり、機能分化するということは、たまたま特定のポストにいる人がそのポストに応じた責任を負うことになるんです。

吉見　その人に任せて、他の人は関与しない。だから、責任を持てる。

苅谷　ジョブ・ディスクリプションが明確で、責任の範囲がはっきりしている社会では、そのメンバーシップをいったん認めた上であとは委ねるわけです。これがどこか曖昧だと、その委ねるということができなくて、何か全人格的に自分が関与していることを前提に合意形成していくということになっていきますね。

吉見　もっと専門性のある職員を育てなければいけないということは日本の大学人みんなが言っていますが、そのためには、まずその人に決定権を与えないといけない。決定権を教授会が握ったまま、専門性を備えた責任ある職員を育てることは不可能です。あるはっきりした範囲の仕事について、職員が本当にレスポンシブルになる、つまり決定もすれば結果に対する責任もしっかり取る体制を構築するには、何が最も必要なのでしょうか。

苅谷　それは信用や信頼を前提にしないとできませんよね。

僕らがオックスフォードで「ノー」と言うことができるのは機能的な関係だからです。共同的な決定が行われるムラでは「ノー」とは言いにくいし、責任の主体をはっきりさせるのはあまり好まれない。だから、みんなで集団的な責任を負う。組織として、個人がポストに応じて責任を負うということができないと、やはりみんなで責任を共有したほうが楽ですからね。

吉見　それが集団的な無責任さにつながるのです。飛躍するかもしれませんが、戦争責任の問題と似ています。責任が共有されるから、比較的容易に仕事を引き受けられるし、その対価もそれほど問題にならない。組織にとって都合がいいシステムですね。

苅谷　これは、まさに機能性の問題でしょう。つまり、専門的な知識やそれを委ねられた人たちがある程度合理的な判断ができるかどうかは、もちろん経験やスキルも関係しますが、同時にその人たちの持っている能力が育っていかなければ、これは無理じゃないですか。

吉見　そうです。

苅谷　鶏と卵で、どこから始めるかという話になってしまいますが、いったんは委ねて、多少不都合があっても、それができるまではある程度、じっと耐えてみるみたいなことがないと。職員だって、スキルが最初からあるわけじゃないんだから、それを身に付けていくプロセスが必要でしょう。

吉見　教授たちは、心配でももどかしくても口出しししちゃいけない。ところが、新しいやり方でうまくいくかどうか心配になって、ついつい「前例はこうなっていて、これで安定的にやってきたんだから」と口出しするのだと思います。それはある種の親切心に基づいているのですが、本当の意味で人を育てることにはならない。

苅谷　僕の記憶では、「昔はこうだった、ああだった」って、年長の教授が言い出す。そういう前例主義を日本の組織が覆すのは、やっぱり難しくて、そこでまたひと揉《も》めしてしまう。前例を守ることがどういいことで、どう悪いことなのかという議論ならともかく、「これは今までやったことないですね」というだけの話になってしまうのであれば、機能的ではないですよね。

吉見　職員は、権威ある教授の発言には逆らえないですよ。でも、それでは永久に専門化はしないし、分業化もできません。大学の機能を分業化させなければ、専門家は育たないし、先生たちは楽にならず、兼務の業務はどんどん増えていくし、複雑化する社会にますます対応しきれなくなっていきます。そして対応しきれないことに、誰もが疲弊していくことになる。もういろいろ気にすることをやめて、みんなが責任を負うのではなく、もうちょっといい加減になったほうが、まだ可能性が開けると思います。

苅谷　ただ、日本の大学全体を考えた時には、組織の問題は組織の問題としてあるけれども、そのこととアカデミック・キャピタリズムへの対応という問題との間には、もう一つ別の大きな問題が挟まっていて、そこを一緒に考えていかなければならないと思っています。

僕はグローバル・ランキングは全然信用していないけれども、少なくとも、大学の宣伝効果としてみた時、もしオックスフォードが日本の大学ぐらいの順位に転落したらと考えると、やっぱり大変なバッシングを受けるでしょうね。

吉見 東大は三六位ですか、「タイムズ・ハイヤー・エデュケーション」(二〇二〇年版)のほうだと、中国の清華大が二三位、北京大が二四位、国立シンガポール大が二五位、香港大が三五位に対し、それらの後塵《こうじん》を拝している。その「タイムズ」の国内版(二〇一九年版)では、東大は京大に抜かれ、国内二位になっている。これに対して、世界版ではオックスフォードが一位、ケンブリッジが三位と、英国勢がスタンフォードやハーバードよりも上位に来ている。

苅谷 トップテンから滑り落ちても、危機だということになるはずです。だから、そうならないようにやっているという面はあると思います。

吉見 それはぜひ、第五章のグローバル人材のところで議論したいですね。

アソシエーションとコミュニティー　古くて新しい問題

苅谷剛彦

人々が集まると集団ができる。その集団をどのように性格付けるか。異なる二つの特徴を持った集団があることをめぐって、社会学ではアソシエーションとコミュニティーという概念が用いられてきた。ドイツの社会学ではそれは、ゲゼルシャフトとゲマインシャフトという対概念として理解された。古典中の古典と言える概念区分だ。

教科書的理解によれば、アソシエーションは共通の目標を掲げ、その実現のために集まった機能的な集団のことで、大学のような組織は第一義的には、このアソシエーションに分類される。他方、コミュニティーのほうは、「共同体」と訳されるように、地縁、血縁、愛着などによって結ばれた人間関係をもとに成立する集団のことで、経験を共有することで情緒的な人間関係を築くことを特徴とする集団である。

本書で、オックスフォード大学のカレッジを共同体と呼ぶのは、このコミュニティーとしての側面を強調する場合であり、デパートメントを機能的集団という時には、大学というアソシエーションの一単位として見ている場合である。しかしやっかいなのは、大学という集団が、教育を行う社会組織として、そこには機能的な関係だけに留《とど》まらない、人格的、あるいは情緒的な関係が含まれるからだ。機能的集団としてだけで大学が存在しているわけではない。共同の経験＝生活を共有するという面が含まれるからであり、そこにも教育的な価値があるとみなされるからだ。「学寮」という訳語がカレッジに付されるのはそのためだ。

この二つがどのように結びつくか。しかもそれが教員、職員、学生といった異なるメンバーの内部で、あるいはその間でどう結びつ

オックスフォード大学出版局の建物

くかによって、「社会組織」としての大学の性格が違ってくる。社会集団としての日本の大学の特徴は、アソシエーションとコミュニティーとを截然《せつぜん》と分けられないところにある。他方、オックスフォードのような古い伝統を残す大学は、機能性だけを重視するのではなく、コミュニティーが果たすべき機能とのバランスをいかに保つかという難題と直面しつつ、今日に至っている。カレッジとデパートメントの二重構造による解決である。

ところが、グローバル・キャピタリズムの進展やアカデミック・キャピタリズムの影響が強くなるにしたがって、大学にはアソシエーションの側面がより強く求められるようになっている。このような圧力のもとで、日本の大学が混迷を深めてしまうのは、純粋に機能的集団としての方向に舵《かじ》を切れないからだろう。

実は、大学がコミュニティーとしての健全な役割を果たすためにもコストがかかる。アソシエーションの面だけでコストを考えると、大学という社会組織のバランスが崩れてしまう。オックスフォード大学の経験を比較対象とすることで、日本の大学の社会組織としての強みと弱みを認識することが重要だ。

第四章　文理融合から文理複眼へ

文系学部廃止論とはなんだったのか

吉見　文系と理系の関係については、『「文系学部廃止」の衝撃』（集英社新書）の中で取り上げたこともあり、重複にはなりますが、僕のほうから少し話を始めさせていただいて、苅谷さんのほうで深めてもらえればと思います。

ご承知のように、二〇一五年、文部科学省が国立大学の文系学部廃止を通達したということがマスコミで報道され、大変な議論になりました。日本学術会議が声明を出し、メディアも文科省を総攻撃して、経団連までが「経済界はそんなことは言っていない。文科省はけしからん」と文科省批判を展開したわけです。海外でも、日本の文科省は何を考えているんだということで、だいぶ批判が渦巻きました。

苅谷　オックスフォードの日本研究者の間にも「文科省宛に抗議文を出すから、署名してください」というメールが回ってきましたよ。ちょうど安保関連法案への関心と重なっていた時期だったから、海外でも、「安倍政権は、大学の社会系は批判勢力だから潰そうとしている」という解釈をしていました。さすがに、もっと事態を見極めてからアクションを起こさないとだめなんじゃないかと思って調べたら、もともとは教員養成系の話だったでしょう？

吉見　そうなんです。文科省が二〇〇〇年頃から言っていることなんですよ。

苅谷　吉見さんも書いていますが、わざとモラル・パニックを引き起こすみたいな感じで、政策の実際の中身自体を論じようともせず、安倍政権批判と完全に一体化してしまいましたね。

吉見　世の中はメディアに先導され、安倍政権と文科省は一枚岩だと決めつけて、体制批判をすればいいんだという頭になっていきました。でも、安倍政権批判で済むなら話は簡単で、この問題の根っこはもっとずっと深いところにあるのです。

実際、あの本で明らかにしたように、文系学部廃止論を増殖させたのは文科省というより、むしろマスコミの責任が非常に大きかったと思います。タイミング的に、安倍政権が安保関連法案を強行採決し、国会前にSEALDsをはじめとするデモが渦巻いて、安倍政権に対する批判の声が大きくなっていった時期でしたから、マスコミが「また安倍政権が変なことを言い出した」というストーリーをつくり上げたようなところがあります。そういうマスコミの報道の仕方にはかなり問題があったと僕は思っています。

文系こそが「役に立つ」

吉見　ただ、あの時、それ以上に僕が違和感を持ったのは、特に人文系の学者たちで、立派な研究をしているにもかかわらず、「人文社会科学は役に立たないけれども、そういうものを大学の中に置いておくことに価値がある。役に立たないものを排除しようとするのはけしからん」という反論をした人たちがけっこういたことです。私は、そういう反論の仕方ではだめだと思いました。むしろ、今の時代だからこそ「人文社会科学が役に立たないなんていうことは絶対にない」と、はっきり言わなければならないと思ったんです。

これはメディアも含めての話ですが、日本社会では役に立つという概念が非常に狭いものになってしまっていて、それに自分たちが囚《とら》われていることにみんな気がついてもいません。文科省以上に、親たちが「やっぱり子どもたちは大学で理系を学ぶのがいい、文系に行っても役に立たない」と思っているんです。これに反論していくには、こうした通念を問わなければいけないし、それを問うには、あえて人文社会科学こそ役に立つということを言っていく必要があるだろうということで、あの本を書きました。

では、なぜ「役に立つ」という概念が狭すぎるのかという問題ですが、これにはいくつかの理由があります。まず、多くの人が「社会にとって役に立つ」という時に、たとえば「経済成長に役に立つ」「産業の発展に役に立つ」「日本の国力の増進に役に立つ」というふうに、国家や産業を前提にしてしまっている。しかし、大学は必ずしも国家に奉仕しなければならない組織ではありません。そもそも、大学は国民国家より前からあったもので、奉仕すべきなのはむしろ人類や地球社会であり、それが学問というものです。

さらに、「役に立つ」ということには二種類あって、既に与えられている目的に対して手段として役に立つだけがすべてではありません。こういう目的遂行的、あるいは手段的な有用性とは別に、価値を創造することで役に立つという次元があります。ですから、ある学問が役に立つということは、目的に対する手段を提供することで役に立つのと、そもその目的、価値を創造するということで役に立つのと、二つあるわけです。

もちろん、社会において、工学的あるいはプラクティカルに有用な知は必要です。けれども、手段的な有用性ということだけでは、与えられた目的が変わってしまえば、あるいは価値の軸が変わってしまったら、とたんに役に立たなくなるわけです。歴史の三〇年、五〇年、一〇〇年という長いスパンで考えてみれば、社会の目的や価値の軸というものは必ずドラスティックに転換していきます。一九六〇年代の人々が共有していた社会の目的や価値の軸と二〇一〇年代のそれとは違うはずですし、もっと長いスパンでとらえれば、一九世紀と二〇世紀、二一世紀を比べてみても、それぞれで社会の目的や価値の軸は異なります。社会あるいは文化や歴史の転換点において、そうしたものが非連続的に変化してきているのは、過去を見れば明らかです。

手段的な「役に立つ」ということの中からは、歴史の転換期に新しい社会の目的や価値の軸を創造することはけっして出てきません。では、どこから出てくるかというと、当たり前だと思っていることを疑う、クリティカル・シンキングからだということになります。これはつまり、方法化された想像力を用いて違う価値とどう交渉し、対話するかという作業であり、まさに文系の学問が常にやっていることです。哲学も含めて、文系の学問というのは、この異なる価値軸の問題に関してはスペシャリストです。人類学であれば、異文化とのコミュニケーションを通じ、異文化と自文化の関係を考え続けていますし、歴史学であれば、現在とは違う価値の中で人々が生きていた過去の世界を知ることで自分たちが当たり前だと思っている価値を相対化します。そして社会学であれば、階級やジェンダーにおいて異なる価値や文化の関係性を問うわけです。

新しい価値創造がいかに大切かということがわかっていれば、文系が役に立たないなんていうことは絶対に言えないはずです。ですから文系の人間は、「文系が役に立つ」ということを正々堂々と、もっとはっきり言っていくべきなのです。

文系を軽視する日本社会の陥穽《かんせい》

吉見　けれども、日本の社会では文系は単なる教養と思われていて、この「価値を創造するということにおいて役に立つ」という視点が弱いですね。これはまさに苅谷さんのキャッチアップ型近代化と話が重なるわけですが、戦後の高度経済成長の時代においては、既に与えられていた近代の目標に向かって手段的に役に立つ仕組みや技能を発達させていけば良かったし、大学の役割はそれに対する人材を供給していくことだと考えられていました。そうした状況下では、価値を新たに創造する必要がなかったと言えるでしょう。けれども、それは七〇年代前半頃までの限られた時代の話で、もっと長い歴史的スパンで考えた時には、そんな発想が通用する時代はごく一時期にすぎません。しかし、日本社会はなかなか発想の転換ができていないと思います。科学技術が何でも解決してくれるという発想に囚われているので、文系の知というのがその余白にしか見えていない。

現状はさらに深刻です。これまで議論してきた一九八〇年代以降の変化で、臨教審が新しい大学の方向性を打ち出し、その中からさまざまな大学改革政策が出てきたわけですが、その一番基本にあったのは知識基盤社会という考え方です。そして、コンピューターがインターネットでつながり、知の生産が資本主義の発展にとって決定的な役割を持つようになった社会において、データサイエンスが最重要視され、「じゃあ、ＡＩに人文社会科学もやってもらえばいい」と言われかねない風潮が生まれています。

なぜそれではだめなのかというと、データサイエンスで予測できるのは連続的な未来でしかありません。先ほどから言っている非連続的な社会の変化を思考できる文系の知と対話させていくことが絶対に必要なんです。むしろ文系の有用性はますます大きくなると考えるところから、大学教育における文理の問題を出発させるべきだと思います。

微分的思考の理系と積分的思考の文系

苅谷　今の話をうかがいながら思ったことがいくつかあります。一つは、やはり大学である以上は、論理性とか理論的思考ということは文系・理系問わず重要ですよね。それから、ある種の事実や現実といったなんらかの対象を理論とどう論理的に結びつけていくかという、対象との誠実な関係というものも、やはり文系・理系共に必要なはずです。

では、ここから先の文系と理系の違いは何かと言うと、まず理系では常に最先端であるということが問われます。なぜ理系が役に立つと言われるかというと、これは今の経済がまさに知識経済になっていて、イノベーションによって付加価値が生まれるという前提に立てば、いかにイノベーションを生み出すかという時に、最先端の知識の生産が必要になるからです。

すごくシンプルに言えば、理系は、ある極限の一点で次に何が起こるかということに対する知の展開であり、微分的な思考と言えます。一方、文系は蓄積された知の中でそれをどうやって使いこなすかということが重要になってくるので、積分的な思考が重要になっていると言えます。たとえば、オックスフォードの教育で、政治学であればギリシャ哲学から始まっていきますが、そうした人類の知の集積の中で重要なものが、必ずしも理系的な意味で最先端である必要はないというのが文系の学問です。

我々、社会人文学を学ぶ者にとっては、最先端だけを見ていたら、研究が行き詰まってしまうところがあって、これは、既存研究を勉強するということだけではなく、どこかで過去の蓄積との関係、そこで生み出されてきた知そのものの蓄積自体を追体験することによって獲得するものがあるからだと思うんです。そこが、最先端を目指す理系と違うところだと言えます。

吉見　パラダイムチェンジしていくためには、過去の巨大な学問的蓄積の中で、さまざまな論理展開のパターン、物事に対する複雑な理解の諸次元を我々自身が修得していないと、方向転換するにもどう方向転換したらいいのかわからなくなってしまうでしょうね。

苅谷　吉見さんがおっしゃった価値の軸が非連続的であることがわかるのは、歴史を学ぶからです。しかし、理系では、たとえばコンピューターサイエンスが典型的ですが、最先端になればなるほど、いつも微分的にある極点に集中すればいいということで、広範な科学史的な知識も不要でしょうし、基礎的に学んだことからどんどん距離が離れていくことになります。それで、新しい価値の軸を見出《みいだ》すことが本当にできるのかどうか。

文系が価値創造という意味で役に立つことは当たり前、それを認めない人たちが社会を構成したらどうなるかと思ったら、恐ろしいです。

吉見　でも、それが現実になっているわけです。

レトリックの重要性

苅谷　文系の学問で重要なスキルとは何かと考えると、僕たちは一種のレトリックを学んでいるんです。日本語で修辞学と言ってしまうとなんのことかわからなくなってしまうので、僕は言語技法という言い方をするんですが、平たく言えば、言葉、特に概念の使い方のスキルを獲得することによって、世界の見え方がいくつもあるということを学ぶんですね。これは蓄積がなければできないことで、なぜギリシャ哲学を読むことが大事なのかというと、そこに含まれている知識そのものというより、その知識や知識を構成する概念の使い方を学べるからで、これがスキルとしてはレトリックになるわけです。ちゃんとレトリックがわかっていれば話し合いができるはずですし、それはつまり自分の意見を一方的に主張するのではなく、相手の意見を理解しながら違うものをつくり出すことによって意見が多様になっていくということです。これがまさに蓄積そのものをつくり出すプロセスで、文系の学問、あるいは大学の役割です。

論証する能力やレトリックが使えるということは、我々人間が歴史的存在であるということにも深く関わっています。人間の歴史はシンプルに進化してきたのではなく、やはり賢い社会と賢くない社会、あるいは賢かった時代と賢くなかった時代というものがあって、それが何に由来したかというと、その社会や時代を生きた人々の判断だったわけです。民主主義という近代社会制度の中で生きている我々には常にさまざまな社会的判断をすることが求められています。それはマーケットの中で消費者として判断することであったり、納税者としての判断であったり、もちろん投票者としても判断しますし、生産者としてそれぞれの職場の役割の中でも判断する。家族の一員であれば、親は子育ての中で判断をしていく、そしてその集合化されたものが社会の意思決定になっていくわけです。となれば、文系であれ理系であれ、個人の責任において、どんな人でも判断が重要ということになりますし、これは役に立つとか役に立たないという次元を超えていくんです。

英語で言うと、ちょっとキザっぽいですが、オックスフォードの『チュートリアルとは何か』という本の中に「我々はエデュケイテッド・シチズンをつくっているんだ」という言い方があるんです。直訳すると「教養ある市民」なのかもしれませんが、僕はこれを

「賢い市民」と訳しています。その「賢い市民」というのは、レトリックの力に長け、歴史をちゃんと反省できて、人類の知の蓄積の上に立っている。だから、違う局面が出てきた時にも、そうした人物は多様な考えができて、比較的間違った判断はしないはずだという信頼があるんです。

現実を見ると、オックスフォードの卒業生が首相になったり議員になったりしているにもかかわらず、ブレグジットのようなことになってしまっているとなれば、彼らがどれだけ賢明なのか、ということはありますよ。それでも、すべてを現実で語り尽くせるわけではないだろうと思います。ある種の幻想に近いものかもしれませんが、論証能力やレトリックを学んだ人たちが持つ判断力というものがあり、しかもそれが多様であればあるほど、判断は比較的間違えないということが信頼の基盤として存在しています。

オックスフォードの大学の中心にあるのは人文学で、中心と周辺の関係が日本と逆なんです。やはりイギリスの学問の発達はイギリス的な意味での経験主義ですから、実証的にではなく経験的に知っているんですよ。

吉見　そのオックスフォードが、世界大学ランキングでトップなわけです。東大との間にある四〇位近くの差は、国際化もさることながら、はっきり言って、人文学を重視しているか、していないかの差でもあると思うのですね。大学の学問的コアとして人文学を重視するという点は、イギリスに限らず、ヨーロッパの大学はだいたいそうですね。

歴史が浅い文系・理系の区分

吉見　今の話で一つ付け加えると、文系・理系という区分そのものが、一九世紀以降の産業社会的な近代化のプロセスの中で、ある意味、捏造《ねつぞう》に近いようなかたちで発明されていったということが言えます。大学は中世ヨーロッパで生まれましたが、近代の途中までは文系・理系ではなく、有用な知とリベラルな知という区分をしていました。狭い意味での有用な知、つまり役に立つとされていたのは、神学と法学、医学です。

神学は、中世の人たちにとって最も役に立つ学問だと考えられていました。なぜなら、神の役に立つということは、自分たちのために役に立つことより上位だったからです。次に法学は、国家にとって役に立つもので、医学だけが一人ひとりにとって役に立つものでした。この三つの有用な学問に対するのがリベラルな学、リベラルアーツでした。

リベラルアーツが何から成り立っていたかというと、修辞学、論理学、文法学、それから代数学、幾何学、天文学、最後に音楽です。今風に言えば、修辞学、論理学、文法学が文系で、代数学、幾何学、天文学が理系になり、さらに音楽も数学に近いので、実はどちらかと言うと理系です。しかし、中世の大学人はそんな文系、理系だなんていう区別をまったくしていませんでした。すべてのリベラルアーツは連続的なもので、重要なのは言葉か数字かではなく、要するにリベラル、寛容な知であることだったのです。

苅谷　ウェーバーの音楽社会学がまさにそれでしょう？　なぜ西洋の音楽が音階という合理的なものをつくったかということですからね。

吉見　この中世のリベラルアーツは、近世になればフィロソフィーの概念に向かっていきますから、哲学は文系とも言い切れないわけですね。ライプニッツもデカルトも数学者でもありましたし、デカルト座標系と彼の自我論、ライプニッツの哲学と微分積分学は彼らの思想体系の中では一体化していたと思います。宇宙の秩序を数学的に考えることと、言語的に考えることは、本質において実は同じことなのですね。

　では、いつから文系と理系という区別が生まれてきたかというと、やはり産業革命以降ということになります。産業革命の結果、理工学が発達し、社会全体が未来に向かって進歩していくことが当たり前の前提となり、技術主義的なリアリティーが社会全体を覆っていきます。そして、それを担ったのが工学や理学であり、それまでの神のための学であった神学に代わって、これらの未来のための学がその他位を高めていきます。

苅谷　科学技術史が専門の中島秀人さんがおもしろいことを書いていましたが、科学と技術が結びついたのが一九世紀の終わりから二〇世紀初頭で、日本の大学はちょうどその時代に工学部ができているんです。帝国大学には最初から工学部があったでしょう？

吉見　工学部というか、工部大学校ですね。その工部大学校の創立期に、スコットランドのグラスゴー大学から教員を招聘しています。ヘンリー・ダイアーという人です。ダイアーは、グラスゴー大学で新たに工学部を創設しようとしていたウィリアム・ランキン教授の弟子です。ランキンは同じグラスゴー大学のケルヴィン卿とともに熱力学の大家で、熱力学の体系はランキンやケルヴィン卿によって築かれたのでした。ちなみに当時、熱力学がグラスゴー大学で先端的に発展したのは、産業革命の進展と深く関係しています。

　ランキンは、スコットランドの大学に工学部を創設するための実験台として新生日本を使おうと考えたのでしょう。それで、弟子のダイアーを日本に送り込み、彼が考えていた工学教育の体系を、ダイアーを通じて日本に植え付けていった。日本側でこの動きを支えたのは、伊藤博文と、旧長州藩で伊藤に近かった山尾庸三《ようぞう》でした。このスコットランドと長州藩をつなぐ流れで、ダイアーの周囲にいたスコットランド人脈がかなり初期の工部大学校に雇われて、東大工学部の根幹をつくることになる。

苅谷　要するに、当時はオックスフォードやケンブリッジには工学部がなかったんです。グラスゴーはもともと工業地帯で、工学部はそういうイギリスの中でも比較的周辺的な場所にあったんですね。

産業革命が科学と結びつき、知識の基盤ができたことによって、工夫や勘ではなく実際に何かを生み出せるようになっていった時、最もそれに成功したのは、州立大学の元になったアメリカのランド・グラント・ユニバーシティーでした。工学系や農学系の、今の話で言えば「役に立つ」学部ができていって、それをモデルにしたのが、札幌農学校です。「役に立つ」学問への対応は日本もすごく早かったわけですが、実は、パリ大学、ボローニャ大学、オックスブリッジなどヨーロッパの伝統的な大学は、ずっと遅れをとってしまいました。彼らにとっては、「役に立つ」というのは、いわば、はしたないことで、相変わらず人文系を中心に据え続けたわけです。

吉見　つまり、人文系の知と工学系の知の関係は、一九世紀以降の学知の歴史的変容の局面の中で捉える必要があるのですね。一九世紀以降、産業革命の牽引力《けんいんりょく》として理工学系の学問が影響力を拡大していく中で、それまで大学の知の体系の中心にあった哲学や歴史学、人文社会科学はその存在価値を問われるようになっていきました。理学は工学を基礎づける基礎科学であることを主張すればいいですが、人文学はそういうわけにはいきません。理工系の学問とは異なる存在証明をしなければならなくなるわけです。そして、当時の文系の担い手たちがたどりついた結論が、工学系が目的に対する手段の学であるとするならば、文系はむしろ価値そのものの学であるというものでした。

既にこの目的遂行的な、つまり手段的な有用性と価値創造的な有用性の違いについては話しましたが、このような有用性についての二つの異なる次元をめぐる思考が深まっていくのは、まさにこの一九世紀末から二〇世紀初頭にかけて、産業革命の中で文系的な学問の存在価値が揺らいでいった時代でした。新カント派と呼ばれた学者たちがこの価値の学としての人文学という主張をした中心的な人々で、中でもその代表選手は社会学の父ともされるマックス・ウェーバーだったわけです。

ウェーバーの「目的合理的行為」と「価値合理的行為」の二類型は、大学一年生が最初に習う社会学の基礎の「キ」ですが、この図式は、実は一九世紀の産業革命を背景に理工系の知が拡大する中で人文社会系の知が戦略的に構築していったものだったと思うのですね。私が『「文系学部廃止」の衝撃』を書いた時、現代の「文系学部無用」論に対抗するなら、まずウェーバーから出発しなければならないと考えていました。彼の古典『プロテスタンティズムの倫理と資本主義の精神』は、カルヴァン派の信徒たちが神に対する価値合理的な行為として遂行していた禁欲とその結果として生じていた投資が、成長する資本主義の駆動モーメントとなり、ついには資本主義システムの中でその価値的な次元を失って、手段的な行為に転化していく過程を描いたものでした。この転回は、学知の重心が人文学的な知から工学的な知に移行していく過程とどこか似たところがあるのですね。

しかし、目的合理的行為は、その目的そのものを超えることができません。目的と手段をつなぐ技術的体系が限界に達したら、その先を見定めることができるのは、そのような体系自体を内在的に批判していくことができる価値的な学問です。ここに人文社会系の知の学問的立脚点があると、もう一世紀以上も前の先達たちは考えたのであり、私たちは、そこで既に論じられていたことを、さらにその先まで進めていくべきだと思います。

なぜならば、ウェーバーたちが価値の学としての社会学の構想を語ったのは産業革命のいわば最盛期で、資本主義はまだまだ発展の途上にありました。しかし今日、いわゆる産業化の時代は既に飽和に達し、その限界がはっきりしてきています。もはや科学技術だけに頼るわけにはいかないという考え方も一般化しています。ただ日本は、なぜかいまだに科学技術信仰がとても強いのです。

文理の分離を超える?

苅谷　今の文理の分離を超えるという話で言うと、学際的（インターディシプリナリー）という言葉が流行《はや》りだしてからもう何十年もの間、いかに学問の壁を超えるのかということが言われてきたわけですね。それは文系の中でもあるし、文系と理系の間にもあることですが、インターと言っている間は囲いがまずあって、それを前提にして、囲いと囲いの間の関係をつくるということになってしまいます。大学なら、ディシプリンがあって、それをしっかりやった上で協働しましょうという話になるんです。

こうした言葉が出てくる以前であれば、中等教育から昔の大学の教養課程までは、一応、理系の人も文系の人も文理かかわらず基礎的な知識を幅広く学ぶという教育制度になっていました。特にアメリカでは、リベラルアーツの部分をどうにか残そうということをしてきましたし、日本でも一応教養課程で理系の人も人文社会を勉強し、文系の人も理系的なものを学ぶ、そうでなければそれぞれの専門を学問共同体の中で語れませんよという前提がありました。ところが、いろいろな歴史的ないきさつや制度改革があって、そこの部分が曖昧になったり、うまく機能しなくなったりして、今に至るわけです。

そういう中で、文理を超えるという話をしなければならないのですが、吉見さんが今おっしゃったように、文理が分かれたことには歴史的な必然性があって、それに応じて、今、大学院レベルでは本当に専門の細かいところをやるようになっているでしょう？　それは「進歩（プログレス）」ではないと僕は思うんですが、そうやって細分化する知が生み出されてきたこと自体は一つの「進化（エボルーション）」の形態で、中世が終わって枝分かれしたものがもう一度戻るということではないと思います。これだけ細分化が進む今の趨勢《すうせい》の中で文理を超えるということは無理ではないでしょうか。

吉見　文理を「超える」という場合、その「超える」はけっしてアウフヘーベン、超越するということではなくて、むしろ違う方法論との間の対話の可能性という意味であるべきですね。異なる学問的方法論や知の蓄積、思考様式が、どのようにダイアローグの可能性を開いていくか、またそういう対話の場をどうつくっていくかということでなければならないと思います。文系と理系を統合する知が存在するのではなく、今日の大学の教育研究の場の中で、この二つの異なる伝統の対話やコラボレーションをどのように実現していくべきかという問いです。そうした意味では、これは「文理融合」というよりも「文理複眼」という言葉のほうが適しているでしょうね。苅谷さんの著作の中に『知的複眼思考法』（講談社）という本がありますね。あの複眼的思考で文理の境界線を跨いでいく。

つまり、文系と理系では学問的方法論やトレーニングされる思考のスタイルが根本的に違うところがあります。その違いは、理系はモノや客体的なオブジェクトを扱い、文系は人間や心の世界を扱うという区分けと必ずしも一致するわけではありません。確かに傾向的には、理系はより多くモノを扱い、文系はより多くヒトやコトバを扱います。しかし、この対象の違いは原因というよりむしろ結果です。昨今では、ＡＩはヒトに関する多くのデータを扱いますし、美術史や建築史の対象は直接的にはモノです。

この対象別の区分に比べれば、先ほどの手段的な知と価値的な知の違いのほうが、まだいくらか両者の方法論的な違いを説明するかもしれません。しかし、理系のすべてが工学ではありませんし、基礎科学は必ずしも手段的な知とも言えません。むしろ、大学での教育という観点から文理の違いで重要なのは、理系では数式を扱えることが最低限の基礎であるのに対し、文系では過去のテクストを精密に読みこなして相互の関係や矛盾を見出すことができなければ、文系の学生としては失格だという点です。

そして、このテクストの読解は、データに還元できるものではありません。哲学であれ歴史学であれ、社会学や人類学であれ、人文社会系の学問が長い時間の中で蓄積してきた知は、その知を紡いできた先人たちがその生きた時代と格闘してきた軌跡です。文系の研究者にとってテクストを読むという行為は、そこに書かれている情報をデータとして処理する行為ではなく、そのテクストを書いた先人や、その先人と対話していた人々の関係性を生き直す行為だと思います。そこにはある種の歴史的実存の問題があり、これはどんなにＡＩが発達しても、コンピューターには不可能な知的営為だと思います。

歴史が単に外から観察して、これまでの傾向がそのまま続くと計算できるものでしかないのなら、その解析は全部理系に回収されるのかもしれません。でも、私たちは歴史の客体であると同時に主体です。ですから、私たち自身が過去を学び、その中から未来を現在の延長とは違うかたちで想像できるわけです。そうやって歴史的な存在であり続けようとするならば、我々は、過去に語られてきたことと自分の関係を対話的に思考し、未来を想像していくことにつなぐ道が開けます。これこそ、文系がやってきたことなのです。

ＡＩは人間にとって代われない

苅谷　人間の実存的な部分まで話を進めていく時に、コンピューターやＡＩでは代替できないものがあるというのはその通りだと思います。それはなぜかと言えば、人間というのはまさに歴史を学びながらも歴史を裏切る存在なんですよ。

吉見　そうなんです。そこが重要なんです。

苅谷　しかもそれが意図的にできる場合もあれば、偶然やコントロールできない無数の変数の要因による場合もあって、それはたぶんコンピューターでは解けないですよね。

僕は社会学者だからこういう言い方をするとすごく難しくなるんですが、文系の話をする時に外せないのは、やはり感情の問題だと思います。つまり人間が理性的で論理的であるといっても、一方で感情の動物でもあるわけでしょう？　その感情というものがどう生まれてきて、それがどう表現できるかということは論理とは全然違うところにあるわけじゃないですか。日常生活で言えば、互いに理性的にわかっているはずなのに、なんで夫婦喧嘩《げんか》が起きるのか。

吉見　いや、理性的にわかっていないかもしれないですよ（笑）。

苅谷　ちょっと例えが悪かったですね（笑）。要するに言いたかったのは、社会というものは人間関係でできあがっていて、その人間関係というものは役割行動でもあるし、そこには機能的な関係だけでなく、必ず感情や情緒的なものが入り込んでくるんです。だから、いくらわかっていても、嫌いなやつは嫌いだとか、肌が合わないというのは説明できない。理屈を超えているんです。僕たちはそういう感情レベルの問題を抱えているから、なんとかしてそれを理解し、共感できるようになりたいと思うし、なるべく穏やかな人間関係にしたいと考えるわけです。

他者や自分を知りたいという時の根本にある文化って、これは人文知が対象とする当のものですよね。哲学はもちろんのこと、文学はまさにその宝庫で、それこそシェイクスピアもそうですが、こんなにも自分たちを表現したい、書き残したいという欲求が創作者にあり、それを読みたいという欲求が読者にもある。人間の反省や省察は複雑で、僕たちが何かを理解したり、それなりに腑《ふ》に落ちたりしてヒントや手がかりを得る時は、自分の頭の中だけで考えているのではなく、第三者の視点や第三者が描いている世界を知ることによって、自分の内面をもう一度違うかたちで見ていくわけで、つまり人文知が持っている力は、別に社会のために役に立つだけではなく、我々が日常生活を送るためにも役に立つ。

吉見　ですから、我々が若い学生をトレーニングしていく時の基本は、膨大なテクストをどう読み込んでいって、それぞれのテクストが違う立場から違う世界を語っているその向こう側にある問題状況をどう理解させていくかということじゃないですか。だから、たくさん読まなくちゃいけないし、精密に読み比べないといけない。違うテクストが違う理由を理解しなければいけないし、一つのテクストの中にある複数の声を読み解かないといけない。文系のトレーニングは、そういう作業を微細にやっていくわけです。

その際、一つのテクストの中でも複数の声は非連続的に存在していますし、テクストとテクストの間には非連続性が常にありますから、そうした無数の亀裂や非連続性の上に、我々の現在の知識世界が存在しているわけですね。これは一元的なデータには還元できないテクストの集積体です。フーコーっぽい言い方になりますが、このテクストの集積体、つまりアーカイブは、データベースを含みますが、データベースには還元されません。歴史というのは抽象的にではなく、具体的にさまざまな言表や言説の集積体として物理的に存在しているわけですが、それらの言表や言説の中に走る亀裂やずれ、散在する空白や衝突にこそ文系的な問いが潜んでおり、その問いを通じてこれまでの地平が転換することもあります。文系の教育とは、このような無数のテクストに潜入してその中を歩き回り、またそこから離脱していく忍術を習得させているのだとも言えるでしょうね。

人類の知の集積に恐れおののく

苅谷　今の話で言うと、学生に知の集積というものがこんなにたくさんあるんだということを見せるのは非常に重要だと思います。オックスフォード大学の図書館（ボドリアン・ライブラリー）に行くと、それこそ中世の羊皮紙から何から、日本の大学の図書館とは比べ物にならないくらいの人類の知の集積がモノとしてそこに存在するわけです。特にイギリス人は集めるのが好きですから、世界中から集められてきたものが膨大に収められています。ああいうモノとしての塊の圧倒的な力、これを人類がつくり出してきたということに恐れおののく、つまり謙虚になるということが大事なんです。そこには、自分がこれからその知の一部になるかもしれないということも含まれます。僕がオックスフォードで教えるようになった時に、それはすごく感じたことで、やはりビジュアルにモノの前に立たされた時、うわーっとなるわけです。この大学が何百年もかけて積み上げてきたものが目の前にあって、しかもこれを書いた人、分類した人、あるいは読んだ人もいる。そういう具体的な歴史像が立ち上ってきますね。

吉見　それは歴史そのものですね。

苅谷　それによって、我々は過去がなんであったかも学ぶし、人間がなんであったかも学ぶわけです。人類がつくり上げてきた知の集積というものの大きさ、それをつくり上げてきた人類、あるいは過去に対して恐れおののく気持ちというものは、理系・文系に関係なく、大学という場所が伝えるべきものでしょう。

吉見　まったく同感です。ハーバードのメインライブラリーであるワイドナー図書館の書庫もすごいですね。延々と書棚の間に通路が続いていて、圧倒されました。だからこそ、グーグルやウィキペディアではだめなんです。検索エンジンで必要な情報がすぐ得られてしまったら、巨大な知の集積を見て恐れおののくということもありません。

苅谷　この間行って驚いたんですが、東大の総合図書館は今、書庫から書物が自動的に出てくるようになってしまったんですね。前までは、何か過去のことを調べようとしてたまたま隣のものを見て偶然発見することが、すごくおもしろかったのに。

デジタル化されないで、実際にモノがそこに存在していると偶然が起こるんです。でも、こういうキーワードだったらこれが出てくるよとなってしまったら、偶然もないじゃないですか。

吉見　東大の総合図書館については、まあいろいろあったのですが、基本的にはそのようになっていますね。あの改装計画で目指されたのはハイブリッド型の図書館で、デジタル化と書庫を探索する発見的な可能性をどう両立させていくか、行く行くは東大の多くの部局に分かれている図書館の膨大な資料を、デジタル技術の力を借りながらどのように統合的に体験させていくかということのはずだったと思います。しかし、普通にこれを図書検索データベースにしてしまったら、巨大な知に対する驚異の感覚も、偶然性からの発見も生まれません。自分が設定したシナリオ通りに検索結果が出てくるだけです。

苅谷　しかも、それは誰かが考えたものであって、本当にそれが自分の要求したものかどうかというのは、自分の既知の範囲での判断でしかないわけです。でも、既知の範囲で研究していたら、新しいオリジナリティーなんて生まれないでしょう？　研究者の仕事はその既知を壊したいわけで、人と話す場合も、たまたま本をみつけた場合も、偶然の要素というものは自分の研究者人生を振り返ってもすごくありますよ。その時の出会いのようなものは、組み合わせがたくさんありすぎて、これは計算できないし、ＡＩではたぶん片付かない。

吉見　ＡＩには計算できない世界を扱うこと。文系の知の可能性は、そこにあります。

苅谷　もう一つ重要なのは、そういう偶然は楽しい。だって、キーワードをインプットするとロボットが書庫からみつけてきて出してくれるというのでは、楽しくもなんともないじゃないですか。僕が古い人間なのかもしれませんが、大きな図書館の、実際に本がそこにある場で雑誌や本をめくっていること自体がおもしろかったたし、楽しかった。何かすごいものをみつけてしまったという興奮や、こんな時代にこんなことを考えていた人がいたのかと、自分の存在を小さく感じたりということも含めてね。これは、機能性じゃないですよ。

そういうことって教えられないいんだけれども、できれば次世代にその喜びや知に触れた時の感情的な反応のようなものを少しは伝えたいし、そういうことって大学みたいなところでないとできないんですよね。

吉見　そうですね。この章は、文系を廃止していいはずがない、文系が役に立たないはずはないという議論から始まったわけですが、もう一歩先では、その文理の区別は一九世紀の産業革命を背景に生み出されていった歴史的結果で、近代以前からあったものではないという話になりました。しかしさらに、それでも文系的なアプローチと理系的なアプローチの間には、単純に文理融合させてしまってはいけない質的な違いがあり、この質的な違いにこそ価値があることを確認しました。先ほどの苅谷さんの微分的、積分的ということで言うと、微分的な知を追求している理系の人たちにも、積分的な知に向き合った時の恐れおののきというものを感じることはプラスなはずです。

苅谷　本当に最先端のことをやる人って、微分的な知だけではできませんよね。非常に狭いところでのイノベーションはできるかもしれませんが、本当にパラダイム転換するような人にはなれない。

吉見　外側にある非連続的な、内側の常識ではよくわからない世界に恐れおののいていないと、その内側の常識を超える想像力は出てこないはずなんですね。だから必ずや、とりあえず文系的な知と言っておきますが、そういう知は必要で、それは大学こそが保証しなければいけないものです。大学は一種の知のアーカイブでもあり、積分的な知の場であることが必要です。これは、大学という機関の根幹に関わる部分だと思います。

文系の言語、理系の言語

苅谷　この後のグローバル化や大学キャンパスの議論にも関係するかもしれませんが、これまでの議論に一つ付け加えると、知の蓄積という話をする時にはやはり言語という問題が入ってくるし、文系・理系の区別の中には、言語や歴史への依存性、学問の性格そのものが関係しているということは言っておかなければならないと思います。

今の我々が知っている学問の領域というのは、ほとんどが英語ですよね。これは、アカデミック・キャピタリズムにも通じることですが、人類の知に貢献して、積分的知に参加するとしても、それは何語によって行われるのかということがまずあるわけです。その中の知で優れたものは翻訳されるかもしれないし、あるいは誰かその言語が読める人が紹介してくれるかもしれない。我々の研究を見て、英語圏やフランス語圏の人で日本語が読める人が紹介してくれたり翻訳してくれたりするわけですし、その逆もしかりで、日本は非常に多くの他言語の研究を翻訳・出版しています。たとえば東大の図書館に行けば、本は圧倒的に日本語で書かれています。一方、オックスフォードの図書館では、中世のものはもちろんラテン語ですが、その後はだんだん英語になってくるけれども、要するに西洋語で書かれているものがほとんどなわけです。

それから、理系は、いわゆる自然言語でない、数式や化学式、コンピューター言語のような人工言語の表現形式をフォーマットとして持っていて、それによって蓄積された知がありますね。知の蓄積の話をする時には、知の表現方法のところで、広く言えば人工言語も含めた言語という問題が入ってきてしまうんです。人工言語の世界は、ある程度習得しておけば、しかも最先端のことをやっていれば、それで学問として成立するけれども、積分型でやってきた蓄積型の学問は言語の比重がすごく大きい。

吉見さんの最初の問題設定とは少しずれてしまうかもしれませんが、僕はこれは非常に重要だと思っています。なぜ日本人の数学者や物理学者が世界で活躍できるかというと、やっぱり人工言語で表現できるからですし、あとは地域性の負荷がほとんどない、ユニバーサルな知の最前線に到達するのはもちろん大変ですが、比較的アクセスが可能です。

他方、文系の学問は、文学や歴史などはその最たるものですが、非常にローカルなもので、基本的にはそれぞれの地方や地域の歴史の集積であって、交流はあっても、その基盤になっている個別の歴史がなければ、「ザ・ヒストリー」のようなものを書くことはできないわけです。となれば、やはり言語の問題と文化の問題がそこに入り込んでくるということになります。

言語の壁というものは、当然、壁ですから守られることもあるし、中に入れないと排除されるということもあります。ただそれはマイナスの部分だけではなくて、ここオックスフォードのカレッジがそうであるように、多様な言語で多様な文化や歴史を持った先生や学生たちが、いろいろな国から来て、交流を結び、対話に結びつけることによって可能性が生まれてくる。だから、けっしてネガティブなことだけではないんです。

今は欧米中心主義だけではだめだというのはいろいろな世界でわかってきています。日本研究の研究所がオックスフォードにあるということ自体が、日本語を学び、日本語の文献を読めるようになって日本の研究をできるというのはいいことだという証明です。

僕は、アカデミック・キャピタリズムの中で、日本人は日本語ができるということをもっとうまく使っていったほうがいいと思っています。日本語でいくらやっても通用しませんから、それはちゃんとプロデュースして他の言語にしなければいけないんですが、僕の一番の強みは、僕が日本語が読める、書けることなんですよ。

吉見　大変重要なポイントですね。そのへんはぜひ次章で深めていきましょう。

アカデミック・キャピタリズムを内破する知

吉見俊哉

対談では、繰り返しアカデミック・キャピタリズムという言葉が登場する。アカデミック・キャピタリズムとは、大学の時間をグローバル資本主義の時間に結合させる大学側の戦略である。このことにより、学生は新しい知識産業の顧客となり、教職員はその産業の従事者となる。より具体的には、産学連携や投資、知財管理、エクステンションスクールといった大学内に持ち込まれた企業的部門がその戦略を先導的に担い、特別手当や奨学金など新しい資源を教員や学生に提供してカレッジやファカルティーへの影響力を強めていく。アカデミック・キャピタリズムは「知識基盤型社会」と表裏の関係にあり、そうした意味で大学は未来の知識主導型資本主義の中核セクターとなるかもしれない。

私も苅谷さんも、未来の大学がアカデミック・キャピタリズムそのものを拒否することは不可能だと考えている。他方、アカデミック・キャピタリズムの企業体でしかない大学

クライスト・チャーチ・カレッジ。映画「ハリー・ポッター」の撮影場所となり、有名になった

には未来がないとも考えている。そうした企業体が育てるのは、ＡＩや経営、カウンセリングなどの能力に優れ、グローバルに流動する新しい知的労働者となっていくであろう。彼らを大量に「生産」する能力を備えた大学が、未来の「ワールドクラス」の大学となる。

大学は、こうしてますます知と資本が一体化する産業体制の網の目にただ捕らえられるのではなく、そこをくぐり抜け、跳躍していく人々を、なお育てることができるだろうか。

私たちは、文理複眼について、つまり文系的方法と理系的方法の対話について話し合った。テクストや人々の語りについて精密な読みを重ねるのを得意とする文系と、数量化されたデータを大量に解析するのを得意とする理系には、それぞれ一方に還元できない固有性がある。もちろん、両者の間にはもっと多くの異なる方法知がある。それらの知をできれば複数、深く身に付けた人々を育てることは、今日の大学の主要な使命である。

しかし、知識産業化する大学をさらに超えて跳躍する人々を育てていくには、まだ何かが足りない。それは、机上の議論だけでなく、ローカルな現場での生身の実践との無数の往還である。その現場は、アフリカのスラムでも、東北の被災地でも、東京の町工場でもいい。ローカルな現場で培われる暗黙知との実践的な交渉が、ますます重要になる。そして、これまたアカデミック・キャピタリズムが新市場として取り組むリカレント教育の未来にも、そのような実践知と学問知の対話、社学複眼のポテンシャルがある。

日本の大学は、学部による縦割りや国際性の欠如だけでなく、世代的同質性によっても特徴づけられる。社会人学生が圧倒的に少ないのである。この同質性はキャッチアップ型の近代化で知識を効率よく伝えるには好都合だが、既存の枠組みにとらわれない創造的な知を生み出すにはまったく不都合である。さらにグローバル・キャピタリズムの時代を乗り越える才能を育てていくにも、同質性を維持したままではどうしようもないのである。

第五章　グローバル人材——グローバリゼーションと知識労働

グローバル化という巨大なモーメント

吉見　今回の対談の中で、一九八〇年代以降の大学の変化について何度も議論をしてきました。その変化を駆動した最大のモーメントは、やはりグローバル化だと思います。

では、大学にとってグローバル化とは何かと考えると、一つには学生のグローバル化、つまり海外から受け入れる留学生数の増大であり、同時に日本から送り出す日本人学生の推移があります。そこでは、どのような学生をどこからどれだけ、そしてどのようなプログラムの中に受け入れるのか、またどのような学生をどういうプログラムを通じてどこにどう送り出していくのかがポイントとなります。他方、大学のグローバル化では、外国人教員比率や英語による授業の比率、国際的な共同プロジェクト、さらには世界大学ランキングのような、大学をグローバルに位置づけ直す動きも問題になってきました。

グローバル化に乗り切れなかったのは、大学だけでなく日本の産業もそうです。親方日の丸で垂直統合、つまり縦割りは得意だけれども、水平統合、つまり横断的なネットワーク化がひどく苦手な日本企業の特性は、九〇年代以降のグローバル化ではマイナスに働きました。かつては軒並み世界トップクラスだった日本企業は、二〇一〇年代までに次々とその地位から転げ落ち、韓国や台湾、中国の企業に追い抜かれていきました。日本の大学の場合、かつても今も世界のトップに立ったことはないのですが、二〇〇〇年代以降もグローバル化に対応できない状態が続き、たとえば東大はアジア首位の地位を国立シンガポール大学や香港大学、中国の清華大学や北京大学に明け渡していきました。

このような日本の大学がグローバル化に対応することの困難を象徴的に示したのが、二〇一四年から始まった「スーパーグローバル大学創成支援事業」でした。これは、教育再生実行会議の提言を受け、三七の大学を選び、今後一〇年間で世界大学ランキング一〇〇位以内に日本の大学が一〇校入ることを目指しましたが、現在ランクインしているのは東大と京大の二校だけで、目標の達成は絶望的です。

苅谷さんは『オックスフォードからの警鐘』(中公新書ラクレ)でこの事業を批判し、リアルなグローバル化と想像上のグローバル化がいかに異なるかを論じられています。私も、ここにはかなり多くの日本の大学の国際化をめぐる問題が露呈していて、その問題点や実施結果が厳密に検証されなければならないと思っています。そこでまず、この事業を中心に苅谷さんから問題提起をしていただきたいと思います。

苅谷　日本政府が日本のグローバル人材が必要だと言い出すのは、二〇〇〇年代初頭からです。要するに、国際社会の競争に乗り遅れちゃいけないというキャッチアップ型のメンタリティーを残しつつ、近代化のキャッチアップを既に終えた自分たちは自前でやらないといけないと考えて、日本の大学をグローバル化しようとしたということだと思いますが、そもそも大学のグローバル化は、グローバル・キャピタリズムと多国籍企業の展開が結びつきながら、そこにどういう人材を供給するかという話から進んでいったもので、日本で言われている「グローバル化」は、すごく表面的なグローバル化です。

一つの大きなポイントは、グローバル・キャピタリズムを一番駆動したのが、もともとそういう性格を持っていた英語圏、特にアメリカの企業で、その結果、ビジネス言語イコール英語になっていったことですね。昔はもっとフランス語が使われていましたし、ヨーロッパ語の中でもう少し違う分業や文化があったのですが、それが英語に統合されていくプロセスは、グローバル・キャピタリズムや多国籍企業によるビジネス言語の英語化ということと、多少時間的なずれはあるとしても、たぶんどこかで並行して進行していると思います。

もう一つの大きなポイントは、グローバル・キャピタリズムの中で、アメリカのビジネススクールでＭＢＡを取るということがクレデンシャリズム（学歴資格主義）になり、そうしたＭＢＡホルダーたちが金融系を筆頭とする多国籍企業に採用され、エリートになっていったことです。多少は専門性が関係するとしても、参入要件としてのＭＢＡが重視されるということは、やはりクレデンシャリズムが進行したと言えるでしょうし、それにより、当然ながらＭＢＡはまさにグローバルな人材教育運営として世界的に拡大していくことになりました。アメリカ以外の国々ではビジネススクールを運営するノウハウがありませんでしたから、最初はアメリカのビジネススクールの先生を高給で雇っていった。つまり学生を集めるためにはいい先生を連れてこなければならない、そのためには資金がなければいけないという、要するにグローバル化の人の移動が起こったのです。

ビジネススクールは会計学や金融学といったスキルを学ばせるところで、いわゆる伝統的な大学教育とは違います。オックスフォードが一九九六年にサイード・ビジネススクールをつくった時、最初は「はたしてオックスフォードに必要か」と強い反対論が出たそうです。けれども、グローバル・キャピタリズムに乗り遅れないようにしないといけないとなれば、オックスフォードのような中世以来の大学でさえ、ビジネススクールをつくるんです。しかも、ビジネススクールは人材や外部資金を集めるという意味で、マーケティングとしては非常に強力です。

さらに、オックスフォードは、ハーバード・ケネディスクールのようなアメリカの公共政策大学院を真似て、ブラバトニック公共政策大学院を二〇一〇年に開設していますが、近代社会と近代国家をつくってきたノウハウと近代ビジネスをつくってきたノウハウを大学というところで再生産しようと思えば、これはもう巨大なビジネスチャンスになります。そうやって世界中の大学につくられていったビジネススクールや公共政策大学院は、外国人学生が来ることを前提にしています。特に第三世界では名の知れた英語圏の名門大学のビジネススクールや公共政策大学院の学歴を得るということが箔《はく》付けにつながっていきます。英語ができた上でマネジメントの知識があって、グローバル・キャピタリズムに参入できる資格を持っている人たちは高給で採用されるようになりますから、高い授業料を払っても、ブランド力の強い大学のビジネススクールや公共政策大学院に行くわけです。これはまさにキャピタリズムそのもので、ＭＢＡや公共政策大学院は、大学という機関に富を生み出すドル（ポンド？）箱だと言えます。

イギリスはブレア政権の頃にそれに気がついたんですね。労働党政権だから、資本主義の強化とは違うように一見見えるし、大学に資金を投入するのはいいことに思えます。けれども、僕が調べたところでは、明らかにブレアの政策は、イギリスの大学をグローバル化することによっていかにそれを産業化するかということなんです。これには、英語圏の強みと、このままではアメリカに負けるという危機感の両方があったと思います。

本気が感じられない「スーパーグローバル大学」

苅谷　社会学で移民研究や留学生の国際的な移動を研究した中で、一九九〇年代の終わりから二〇〇〇年代初頭にグローバル・メリトクラシー（能力主義）という言葉が登場してきます。『オックスフォードからの警鐘』に書いたことですが、たとえば、ＢＰ（ブリティッシュ・ペトロリアム）というグローバルに展開するイギリスの石油会社は、能力のある人材を獲得するためにこんな言葉をホームページに掲げていました。「私たちの目的は、グローバルなメリトクラシーをつくり上げることです。そこでは、あらゆるバックグラウンドを持った人々が歓迎される。若者、年配者、男性、女性、いかなる人種や国籍を問わず、身体的な能力によらず、宗教、さらには性的嗜好《しこう》や同一性を問わずに」。つまり、「優秀な能力があれば、我が社は誰でも採る」ということです。

日本の企業では、いくら優秀でも女性や外国人の登用はなかなか進まないなど、人材をフルに活用できていないわけですが、要するに、これは能力を無駄にしているということです。けれども、一番徹底したグローバル・メリトクラシーになると、人種も国籍もジェンダーも年齢も関係なく、能力さえ持っていれば採用する。日本発でも多国籍化した企業は、BPと同じく、やはり英語ができて能力も高い人は人種も国籍も問われません。ソニーもトヨタも日産もホンダも、多国籍な企業ですが、最初のうちは日本人社員が海外に出ていって営業をするということをやっていた。それがやがて海外に工場や支社をつくって、そこでビジネスを全面的に展開していくとなれば、日本人ではマネジメントができないので、現地採用になった。つまり、海外支社の社長や経営幹部が日本人のグローバル人材である必要はなくなったわけです。

結局、日本の雇用制度と日本の大学は、世界の中で本当に離れ小島のようにぽつんと取り残されていて、しかも日本のマルチナショナルな企業は日本人に頼らなくなってしまうとなれば、日本の大学が自前でグローバル人材を育てる必要はないということなんですよ。

経済界からの「とにかく日本のグローバル化はとんでもなく遅れている。なんとかしなくちゃいけない。だからもっと英語による授業を増やせ。留学生比率を増やせ。海外への日本人の送り出しを増やせ。日本の大学の中の外国人教諭を増やせ」という要請を受け、「二〇二〇年を目処《めど》に留学生三〇万人受け入れ」を謳《うた》った文部科学省の「国際化拠点整備事業（グローバル30）」のような政策が行われ、後の「スーパーグローバル大学創成支援事業」につながっていくのですが、「グローバル人材が欲しい」と政府に働きかけた当時の経済界が、はたして日本の大学で育成された日本人のグローバル人材を本当に使う気があったかどうか、僕は相当怪しいと思っています。

なぜなら、本当に日本人のグローバル人材育成が急務だという危機感があったのだとしたら、もっと政府に対してプレッシャーをかけたはずだからです。実際には何が大学で起こっているかというと、言葉の上だけの表面的なグローバル化に終始して、真のグローバル化はほとんど進んでいません。佐藤郁哉さんの計算によれば、「スーパーグローバル大学創成支援事業」の開始から五年目には、政府予算が四割ぐらいに削られてしまったそうですが、本当にこれをやらなければいけないと真剣に取り組んでいたら、そんなことは起きないはずでしょう。表面的な政策言説と実態とのギャップがすごく開いてしまっていると僕は思います。

「これをやる」というのろしは上がるけれども、大学にとっては、わずかばかりの資源しか与えられていないのに負担ばかりが増えて、やる気がある一部の人でさえ、徒労感が出てきてしまい、結果的に中途半端に終わってしまうという悪循環になっています。ある意味では、日本のグローバル・キャピタリズムやグローバル・メリトクラシーに対する適応の仕方がやっぱり英米圏と違っていたということでしょう。

吉見　アジアの中だって、中国やシンガポール、香港、韓国のトップ大学は、ここ二〇年間、なりふり構わず真剣にグローバル・キャピタリズムに適応していったわけですね。それらの国々と比べると、日本の場合は、真剣というより「やらなくちゃ」という義務感に近かった。結局、掛け声ばかりであまり何も変わっていかないんですね。

留学生比率で多少受け入れが増えたぐらいで、逆に送り出すほうは、上位校であればあるほど、増えてはいないのではないでしょうか。偏差値が上位校の学生は、別に海外留学をしていなくても一流企業に就職できるし、逆に卒業が一年遅れることのリスクのほうが高いから、留学に消極的になります。外国人教員比率も英語による授業も、大学によってはほとんど増えませんでした。数字の上で、多少増えたように見えているのは、任期付きの特任教員、しかも教授以外のステイタスのところで増えているからです。外国人教員には、自分たちが傭兵《ようへい》部隊のように扱われることに不満も高まっています。

政府は旗を振り、予算が下りるのでそれをめぐる獲得競争は激しかったのですが、実際の大学の構造改革は喧伝《けんでん》されたほどではなかった。だから今も、一般教員は自分には何も関係のないことだと思い込んでいる。

苅谷　だからニーズがなかったんですよ。

基本的なことで言うと、日本の大学の卒業生の九五パーセントぐらいは日本のドメスティックな就職市場の中で、日本国内で日本語を使ってすればいい仕事に就くわけです。

吉見　そうすると、グローバル化は必要ない。

苅谷　必要ないんです。韓国と違うのは、日本は人口一億人という大きな国内市場を持っていますし、GDPのおよそ六割は国内需要ですから、韓国のように必死になって企業をグローバル化して輸出競争で勝ち抜かなければいけないというニーズが強くありません。それは、グローバル化するインセンティブの切実さにも影響していると思います。

グローバル人材で必要とされる本当の能力

苅谷　日本の大学を卒業する九五パーセントがドメスティックだとすると、外交官になったり、多国籍企業で海外に派遣されたり、あるいは研究者になったりというのは残りの五パーセントぐらいの人たちです。しかし、そこからさらにグローバルな市場でなんとかやっていけるスキルと資格を持った人たちとなるとほんの一握りしかいないでしょう。たとえば、官庁や企業に入って海外派遣で二年程度留学したとしても、グローバル企業や国連のような国際機関で丁々発止やれるかどうかというと、無理ですよ。

そのギャップを埋めるには海外で経験を積むしかありません。その経験を与えてもらえるのは、やっぱりその五パーセントの中でもよりすぐりの人です。でも、本当に能力が高いそういう人たちは、シンガポールや香港、韓国で養成されているグローバル人材と同様、日本企業で働かなくても、グローバルなマーケットを渡り歩ける。そのレベルが、本当のグローバル人材ですよ。

財界で「世界を舞台に活躍できるグローバル人材が必要だ」と主張している人たちは、自分たちがグローバル人材ではないので、どのレベルの能力が必要とされているかということがわかっていないのではないかと思います。おそらく、公官庁もそうでしょう。

「スーパーグローバル大学創成支援事業」の元となった教育再生実行会議の「これからの大学教育等の在り方について」と題された「第三次提言」(二〇一三年五月二八日)には、「我が国の大学を絶えざる挑戦と創造の場へと再生することは、日本が再び世界の中で競争力を高め、輝きを取り戻す『日本再生』のための大きな柱の一つです」と謳われているように、日本で言っているグローバル人材が前提としているのは、日本の国や企業に貢献することです。けれども、本当にグローバルな能力がある人は、国を問わず、自分の能力を買ってくれるところのために働くんです。グローバル化と言った時に日本の大学でできることと、国際的なレベルで実際に起こっていることとのギャップはそこにあると僕は思っています。

吉見 苅谷さんが言われたのは、非常に本質的なことですね。ただ日本のトップレベルの大学の学部生たちは、語学は少し苦手でも、思考力や社会に適応していく力ということでは、グローバル企業でやっていくポテンシャルは持っています。

苅谷 僕もそう思います。

吉見 だとしたら、彼らが日本の大学で過ごす四年間、あるいは大学院まで進むのだとしたら六年間にグローバルなプラットホームに乗れないというのは、もったいない話ですよね。それでは、グローバルな能力を身につけたい人は、最初から海外の大学にどんどん流出していってしまう。実際、すでに大学院は海外に行かなければ、という流れになっています。それが、さらに学部段階まで進みつつあるというのが、この対談で最初に紹介した「蹴られる東大」の話でした。私はこの現状を、いいとは思えないんです。

大学の根本は学生にありますから、どういう学生をどうやってつくるかということが一番大事なわけで、グローバル化によって日本の大学教育の質が良くなるとともに、グローバルに活躍できる人を日本の比較的優秀なトップレベルの大学から育てていくことも必要だと思います。グローバル化対応は、けっしてアメリカの大学でＭＢＡを取らせればいいということではないはずで、やはり日本の大学の中にそうした人たちを育成していく仕組みを少しずつでもつくっていかないといけないのではないかと思います。

苅谷　まず、「グローバル人材」と呼ばないほうがいいと思いますね。

少なくとも、本当にグローバルに通用するような人は日本の国益に貢献する必要はなくて、人類に貢献すればいいんです。つまり、グローバル人材というのは人類に貢献する人たちの集団であって、貢献の宛先は日本のナショナリズムを超えていいんです。

「外国人教員等」の「等」のトリック

吉見　日本政府の「グローバル人材」という概念には、その原点にナショナリスティックな発想があり、それを使おうとする日本企業の魂胆が露骨に垣間見《かいまみ》えてしまう。しかし、本当に日本の優秀な若者たちをもっともっとグローバルに活躍できるようにしていきたいならば、そうした了見の狭い発想は一旦、取り払うべきだということですね。そんな発想で「グローバル人材」を育成したとしても、育成された若者たちは国や企業の思惑通り動くとは限りませんし、本当に優秀な層ならば、そんなナショナリズムを取っ払っても、彼らが信じる仕方で日本と世界をつなぐ仕事をしてくれるはずです。

ですから、必要なのは「グローバル人材の育成」ではなくて、「グローバル社会の構築」を中核的に担える若者たちを日本のトップユニバーシティーから持続的に生んでいくことですね。それからすると、政府のグローバル化対応の政策は中途半端です。本気のふりをして実は本気じゃない。そして、その中途半端さゆえにあまり成果を生んでいない。

この点を、もう少しはっきりさせておきましょう。苅谷さんが『オックスフォードからの警鐘』や佐藤郁哉さんとの共著『50年目の「大学解体」　20年後の大学再生』（京都大学学術出版会）で論じられたように、「スーパーグローバル大学創成支援事業」の中で、日本の大学の「国際的存在感を高める」ための具体策として、英語による授業の増加とそれを担う外国人の「積極的採用」が目指されました。しかしここにはトリックがあって、実は本気で外国人教員を増やさなくても済む仕掛けがあった。政策当局は、外国人教員を本当に増やすことを最初からあきらめていて、厳密な意味での外国人教員を雇わなくても数字では帳尻があう仕組みになっていた。これが、苅谷さんの分析で出ているわけです。

たとえば、二〇一三年の統計で、「スーパーグローバル大学」の「トップ型」に指定された大学の外国人教員等の割合は平均二三・九パーセント、「牽引型」の大学では三六・五パーセントという数字が出ています。しかし、同じ時期の『学校教員統計調査』では、全国大学の専任教員で外国人教員の占める割合は、たった三・八パーセントです。いくらスーパーグローバル大学だからといって、全国平均が三パーセント台の外国人教員が二五パーセント近くまで、さらには三五パーセント以上になるのはできすぎです。

このトリックの鍵は、国のスーパーグローバル事業が謳う「外国人教員等」の「等」にあります。というのは、このカテゴリーには「外国人及び外国の大学で学位を取得した専任教員等」が含められることになっている。つまり、国籍上の「外国人」でなくてもいいのです。しかも、ここにも再び「等」が現れており、この二番目の「等」には、「外国で通算1年以上3年未満の教育研究歴のある日本人教員」や「外国で通算3年以上の教育研究歴のある日本人教員」も含まれます。つまり、在外研究などで一年、海外に出た経験のある日本人教員がすべて含まれてしまう。実際、大半の指定校で一番多いのは「1年以上3年未満」の日本人教員で、これならこの私だって、「外国人教員等」です。「粉飾決算」ならぬ「粉飾外国人教員」と言われても仕方のない言葉のトリックです。

苅谷　わかりますよね。だって、文科省は「ただ単に外国人等を増やせば良いというものではありません」と言って、「事業終了に合わせ財政支援が終了した時点でこれら外国人等の雇用が終了するということでは、構想全体の継続性そのものが問われることになりますので、採用・育成に当たっての計画性にご留意ください」と「スーパーグローバル大学創成支援Q&A」で説明しているんですから。要するに、財政支援も限界があるし、大学のほうも人を雇うお金がそんなにないだろうから、雇い止めしないように考えながらやりなさい、ということでしょう?

吉見　私たち大学教員はそういう文書のウラを読むのはとても得意です。だいたい行政文書で「等」という文字があると、そこには何かあるなと瞬間的に反応します。慣れていますから……。それで、この場合、「等」が入ったということは、たぶん本当の外国人教員じゃなくてもいいんだなということは、すぐ見抜くわけですよ。では、どの範囲までが「等」に入るのかということを調べ始める。すると、「外国で通算1年以上3年未満の教育研究歴のある日本人教員」、つまり「オックスフォード大学の日本研究所に二年間いました」というのも「等」に入ってしまうということだとわかる。本気で常勤スタッフとして外国人教員を増やすことが困難な大学にとっては、都合がいい条件ですね。

苅谷　外国で学位を取ったわけでもないのに、一年弱のサバティカル（研究休暇）二回で「等」に入ってしまう。サバティカルは研究のために行きますから、受け入れ先で正式に「教育」を担当することはほぼありません。

吉見　ちょっと英語ができるだけでいいというふうになってしまっていますね。

苅谷　ちょっとはおろかほとんどできない人も少なくない。

吉見　そうすると、もう話にならないわけです。

「出島」化する実際の外国人教員

吉見　もし本気で大学をグローバル化したいのなら、「等」で実質的に基準を緩めてしまうことなどせず、抵抗を排しても真正面から日本とは全然違うカルチャーを背景にした外国籍の教員を各大学でちゃんと増やしていかないといけないでしょう。それにもしも文科省が期待するような主要大学が対応できないのなら、対応できる大学に補助金を渡せばいいのです。そのような毅然とした態度を国が取れないのであれば、国の大学グローバル化の戦略は、はなはだ中途半端で実効性がないと言わざるを得ません。

しかし、このような決定的な拡大はいまだなされていないので、一部の私立大学を除いて外国人教員は少数派です。それぞれの大学の組織文化、あまりにも日本的な物事の決め方に慣れている組織の中で、多くの外国人教員が不適応症状を起こしています。東大にも少なからざる外国人教員がいて、私は彼らと話すことが比較的多いのですが、異文化からやってきた彼らから見たら、日本の大学のように、水面下でいろいろな政治が動いていく、どこか魑魅魍魎《ちみもうりょう》的な物事の決まり方はまったく理解できないのですね。

苅谷　これまでも話してきたように、東京大学も含め、要するに日本語で言う「大学」とユニバーシティーは違うものですよ。

吉見　すごく違います。つまり、日本の大学はユニバーシティーではないのですね。

苅谷　その違いをわからないで来てしまうと、「どうして、こうなるの?」となってしまう。教授会にしても、「なんで、こんなことを長々とやっているの？」と理解できないでしょうね。

吉見　それで、時折、外国人教員が自分の意見を自身の視点から主張していくと、「なんだか細かなことを言う」「やるべきことをやらないのに主張ばかりする」などと陰で疎まれてしまうことになる。そしてだんだん、その大学組織の中でマージナライズされ、息苦しくなっていってしまうこともあります。でも、そういう今は不適応症状を起こしている人たちがマジョリティーにならないと、日本の大学のカルチャーは変わらないですね。

苅谷　僕の知り合いにエドワード・ヴィッカーズ（九州大学教授）とジェルミー・ラプリー（京都大学准教授）という教育学者がいるんですが、二人が「中央公論」に外国人の目から見た日本の大学のグローバル化についての論文を書いたんです（「外国人教員から見た日本の大学の奇妙なグローバル化」「中央公論」二〇一五年七月号）。それによると、自分たちは日本の大学にいると結局出島に閉じ込められる、「出島方式」だというんですね。いくらその人たちが自分たちの経験で大学に影響を与えようとしても、要するに出島の中での自由しかないと書いているんです。

吉見　日本人の教員も、意識的に「出島」をつくろうとしているわけではないと思います。

多くの先生は、口では「海外から来た外国人の先生方をできるだけ受け入れたい」との意見表明をされるでしょう。けれども、物事を決めたり動かしていったりする時の意思決定や運営を組み立てるコミュニケーションモードが日本の大学と海外の大学で根本的に違うので、海外でトレーニングを受けた外国人教員が当たり前と思っていることが日本の大学ではまったく通用しないことに、彼らは愕然とすることになるのです。

苅谷　彼らにしてみれば、ムラの原理はわからない。どこに責任の所在があるのか、不思議でしょうがないわけです。

吉見　でもこれは、そのような外国人教員が全体の三分の一くらいに増えれば変わりますよ。

苅谷　教授会も英語になるでしょうし、事務などの書類も二言語でやらざるを得なくなりますね。

吉見　あるいは四分の一でも、日本とは違うカルチャーを持った本当の外国籍の人たちが日本のファカルティーを正式に構成するようになれば、今のやり方は通用しなくなって、大学の意思決定の仕組みを根本から変えざるを得なくなってきます。でも、今は日本の大学の外国人教員比率はだいたい一〇パーセント以下ですからね。

苅谷　常勤は一〇パーセントもいないでしょう。

吉見　いませんね。組織的な意思決定に関与できるのは常勤教員ですから、それはせいぜい数パーセント止まり、五パーセントもいないかもしれません。

苅谷　三パーセントか四パーセントくらいじゃないですか。非常勤を入れれば、一〇パーセント近くまでいくでしょうけれど。

吉見　ですから、外国人教員等の「等」を除くことに加えて、その外国人がどのような条件で雇用されているかについても精査が必要ですね。非常勤教員として外国人教員を雇用しているケースがかなりありますが、非常勤であることで最初から外部化されています。常勤教員でも、任期付特任教員などの場合は、組織の意思決定や運営に関与しないことのほうが多いので、組織文化を変えることはできません。したがって、重要な意味を持つのは、常勤のしかも任期付でないテニュアポストに、外国人教員がどのくらいの割合で雇用されているかです。国立大学で教授会を構成しているのは、その国立大学の先生全体ではありません。まず、非常勤は除かれて常勤に限られますし、次に任期付の特任教員が除かれます。このどちらでもない常勤の、「承継教員」と内部では呼ばれていますが、テニュアポストにいる准教授以上の教員が教授会のコアの部分を構成しているので、このメンバーの中に何パーセントくらい外国人教員がいるかが決定的な意味を持つのです。

ところが、この常勤で承継教員のポストは、伝統的にそれぞれの学部や学科、研究科、専攻、研究所などの個別組織で厳密に管理されています。というのも、大学という組織でうごめく政治的な駆け引きの大部分は、実はこの承継教員のポスト管理をめぐるものなのです。そして、この数は厳密に有限です。つまり、大学全体、さらに文部科学省のレベルまで行って特別に「純増」が認められない限り、このポスト数は増えません。ゼロサムゲームなので、それぞれの組織が大変防衛的になります。よほどのことがないと、この承継教員に新たに外国人教員を採用していこうという流れにはならないわけです。なぜなら、その分、日本人の若手が採用される機会を失うことになるからです。日本の大学が変われない、グローバル化できない根本の要因は、この承継教員ポストの有限性にあります。

したがって、それぞれの大学、学部、大学院研究科が、本当に教員の国際化、つまり外国人教員を受け入れることに努力しているかどうかは、まさにこの准教授以上の常勤の承継教員の中での外国人教員の比率を見れば一発でわかります。別の話ですが、女性教員比率についても同じことで、常勤、承継教員、准教授以上という条件を満たす女性教員がどれだけいるかを見ることが重要です。逆に、諸々の計算の母数に任期付の特任教員や非常勤教員についての数字を入れ込むと本質を見損ないます。なぜならば、任期付特任教員や非常勤教員は、それぞれの組織に短期でもプロジェクト予算が付いていれば増やしていくことができるからです。ですので、そういう部分で外国人教員を多く雇用することは根本的に難しいことではないのです。しかし、そうして雇用された教員はプロジェクトに一定期間関与しますが、大学の組織構造そのものを変えていくことは困難です。

このような背景からするならば、日本の大学が本当にグローバルにやっていける大学になるために必要なのは、准教授以上の常勤の外国人承継教員が増えることです。少なくとも、非常勤教員のレベルだけで外国人教員が増えることではありません。そして、それがゼロサムゲームであるがゆえに極めて難しいこともよくわかります。だからこそ、先ほど議論したように、「スーパーグローバル大学創成支援事業」では、「等」という文字を使うことで諸大学がこの困難な問題に直面することを避けたのです。しかし、このやり方は本末転倒ですね。「等」でごまかすのではなく、純粋に承継教員として外国人教授や准教授を増やした組織に、インセンティブとなる予算やポストが与えられる仕組みをつくっていくことが肝要です。そうすれば、わざわざ特別の「事業」などしなくても、大学教員の構成が真に多国籍化することで自然とグローバル化されていくはずです。現状では、外国人の先生方は、「自分たちは少数派だから、何を言っても変わらない」と、ちょっとあきらめムードになっています。でも、彼らが現在の数パーセントから、たとえば二〇パーセント以上まで増えれば、今までのやり方は通用しなくなるはずです。

苅谷　吉見さん、それは大革命です。結局、「スーパーグローバル大学創成支援事業」の問題の根幹は、第一章で話した人事ポストなんですよ。つまり、ポストが純増になれば外国人教員だって増やせるのに、純増にならない。となれば、日本人教員を減らして外国人教員を入れるしかありません。あるいは、日本人教員を意図的に採用しないで外国人を採るということをしない限りはね。

吉見　しかし、現実にはそれは無理ですね。既得権益を露骨に奪うことになるわけですから、水面下で猛反対が起きるでしょう。日本の大学の学部や研究科の組織は、基本的には教員のポストを守るというところで成り立っています。学問的ミッションや教育のポリシーなどいろいろ言われていることは、実は後づけです。みなさん、作文が上手だからあまり見抜かれませんが、本当は人事ポストに足場があり、大学の先生たちは人事ポストの話になると、本当に目の色が変わります。ですから、国や文科省がもし本気で日本の大学のグローバル化を進めようとするのなら、厳密な意味での外国人教員、できればイングリッシュ・ネイティブの外国人教員の人事ポストを純増させていくしかないのです。

苅谷　イングリッシュ・ネイティブでなくても、たとえばフランス人やドイツ人、オランダ人、あるいはアジア系の人で英語がしゃべれる人でもいい。その人が英語がちゃんとできればいいんです。僕たちはこういう時につい欧米を見てしまいますが、英語ができればいいという問題ではなくて、一種の知的共同体における多様性をつくり出すという視点が欠かせません。

たとえばオックスフォードの私のいる日本研究の研究所でも、クロアチアの人もいればニュージーランドの人もいて、同じ白人でもみんなバックグラウンドが違いますし、イギリスの大学全体でも、「等」なんていう拡大解釈なしのアカデミック・スタッフ（教員・研究員）のおよそ二八パーセントがイギリス人以外です。もちろん議論は英語でするわけですが、こういう多様性はグローバルな学問の共同体にとっては非常に大切だと思います。もちろんその人たちは英語圏の大学を卒業しているかもしれませんが、どこかの根っこに自分の出身の歴史や文化を背負っていれば、韓国系だって中国系だって東南アジアの人たちだって、全然オーケーですよね。

吉見　その通りですね。それから、女性の登用が進んでいない現状からは、できれば女性のほうがいいと思います。そういう外国人教員に限定して純増ポストをつけ、准教授以上の承継教員の中での外国人比率を二〇パーセントまで上げていく政策を取らない限り、日本の大学が本当にグローバル化することは不可能でしょう。

苅谷　外国人教員の比率を上げるということになれば、絶対抵抗があるでしょうが、それでもやらなきゃいけないとしたら、部分的にでも可能なことをやっていけばいいんです。財務省も納得するようなかたちでどういうふうにすれば実現できるかというのは、文科省の官僚だって考えていないはずはないと思います。

吉見　彼らは一生懸命考えていますよ。何人かの顔が浮かびますが、はっきり言って、大学内でのほほんとしている教授たちより、はるかに真剣に大学の未来を考えています。

英語の覇権とローカルな価値

苅谷　今は基本的に英語がグローバル言語になっているから英語でいいんですが、じゃあ中国語ではいけないのか。あるいは他のアジア系の言語ではいけないのか、ということも考える必要があります。

吉見　それは、英語ベースのグローバル・キャピタリズムを相対化していく視点を大学がどう持ち得るかという話ですね。グローバル・キャピタリズムのシステムに完全に飲み込まれてしまうのではなく、自分たちの立ち位置をどこに見出せるのかが問われている。しかし私は、今はもちろん、アメリカの政治的、経済的覇権が衰退していった後の二一世紀後半の世界でも、まだなお英語は古代のラテン語のようなグローバル言語であり続けると思いますね。つまり英語のグローバルな言語的覇権は、まだだいぶ長く続くと思う。

これは、世界がドルに代わる基軸通貨をなかなか生み出せないのと似ています。ドルも英語も、トップダウンの力というよりもボトムアップの力によって世界の基軸であり続けるでしょう。だからたとえば韓国では、韓国人だけれどもアメリカで育ち、アメリカで博士学位を取って、完全にアメリカ化しているけれども、血筋的には韓国の人たちを一生懸命呼び戻して高給を払い、英語での教育と英語でのアウトプットを増やしていくという政策を取っています。これは中国も同じだと思いますが、つまり文化的な同質性を守ろうとしながら英語での教育研究を大学のプレゼンス向上のために前面に出している。

これはちょうど、アメリカで育ってアメリカの大学で学位を取った日系の若手を、その文化的同質性に期待して日本に呼び戻すようなものですね。僕は、こういうやり方は全然いいとは思いません。英語での教育や発信が拡大し、多少ランキングは上がるかもしれませんが、本当に必要なのは大学での教育研究を英語にすることではなく、大学にグローバルな文化的多様性を生成していくことです。英語が基準言語になるのは、そのための手段にすぎません。韓国のやり方は、日本とは別の意味で、やはり本末転倒です。

苅谷　中国や韓国では、たとえば中学、高校ぐらいから英語圏に行って、大学から先もそこで勉強するということをやっていますね。お父さんだけを残して、一〇代前半から母子で海外に行くというパターンが有名ですが、血統主義ではナショナリズムとは言えても、文化的に本当に多様性を持つかというと、ちょっと危なくなってくると僕は思っています。何が起きるかというと、学習言語が最初から英語になるだけではなく、歴史や文化や言語も含めた英語圏のヘゲモニーの文化圏の中に最初からどっぷりつかってしまって、自分の国の文化や歴史のことがわからなくなってしまう。もちろん人によりますが、ちょっと根無し草のようになってしまう。

　若いほうが英語は断然できるようになるし、英語圏の世界に最初から身を委ねたほうが、個人としてはたぶん活躍できるんですよ。ちょっとうらやましいと思うところもありますが、でも、その人たちはたとえ日本国籍を持っていても、僕より日本語を読めないし、書けない。はたしてそれでいいのか、という話ですね。

グローバルと言った時に、そういう根っこを抜きにした、ある抽象的な空間を想定してしまうじゃないですか。けれども、自分の立場がそうだからということもありますが、どこかに根っこを持っている人も違う貢献ができると思いたいわけです。学問や研究に限らず、ビジネスや公共政策、国際政治の舞台でも、たぶん根っことして自国の歴史や文化を背負っていることによって多様な解を示すことができるはずです。グローバル・キャピタリズムの前提は、お金や情報、知識は国家や歴史といったある種の枠組みを超えてしまって、その枠組みを無効化し、より効率的に移動するということです。そのことによる一元化が進み多様性を失うというのは、大げさに言えば、僕は人類にとってマイナスだと思います。

吉見　国際社会で英語での交渉を丁々発止でやれる能力を持つ若手人材は、もちろん必要です。しかし他方、この章の冒頭で議論したような、グローバル・キャピタリズムや英語をベースにして巨大なお金が動く世界の現状に批判的になれる若者をどれだけ生み出していけるかという点も重要です。それは結果的に、グローバル・キャピタリズムやアカデミック・キャピタリズムの一元性に多少のずれをもたらしていくはずだと思います。

私の妻の友人の娘さんですが、高校時代にアメリカ留学し、大学卒業後にイギリスの大学院にも留学してそこで修士号を取った学業もすごくできる人がいるんですね。その彼女は今、九州のある地域企業で、その地域のローカルな製品をグローバルに流通させる取り組みをしています。彼女のお父さんは実力派の国際弁護士、弟さんは将来が楽しみな財務省エリートで、すごいスーパーエリート一家なのですが、私と妻は、とにかくこの娘さんが一番すごいとよく話しています。

それから、この後にお話しする東京大学のＧＬＰ－ＧＥｆＩＬ（グローバル・エデュケーション・フォー・イノベーション・アンド・リーダーシップ）というグローバルリーダー育成プログラムの初期の学生で、神戸の震災で秋田に移り住んで育った母子家庭の女子学生がいたのですね。秋田の県立高校に通い、東大受験なんて考えてもいなかったのですが、高校の先生に勧められて受験したら合格してしまった。それで、経済的に豊かな家庭ではないので、私たちはかなりの奨学金を出してアメリカのトップユニバーシティーのサマープログラムに彼女を送りました。その彼女が、「秋田の水はおいしい。だから私は、秋田とグローバルな経済をつなぐ企業をつくっていきたい」と語っていたのを思い出します。

私たちが本当に育てたいグローバル人材は、この本の最初に登場したような軽々と東大とアメリカのトップユニバーシティーに合格し、計画的に東大からアメリカの大学へと移っていくタイプの若者ではなく（彼らも、大切ですが）、むしろこうした知的に最高水準のものを目指し、語学の壁も軽々と越え、なおローカルな現場にグローバルな世界と直結する可能性を求めていく若者たちです。彼らを、僕らは心底支援したいと思っている。

苅谷　できたらいいと思いますね。

限られた成功例に見る可能性

吉見　日本の多くの大学がグローバル化に中途半端な対応しかできていないのは、日本社会で自明視されている文化的同質性に一因がありますね。そうした同質性を持続的に破壊していく仕掛けを、大学はさまざまに取り入れていかないといけないでしょうね。

苅谷　そのケーススタディとしては、たとえば秋田の国際教養大学や国際基督教大学（ICU）がありますし、大分の立命館アジア太平洋大学（APU）、早稲田大学の国際教養学部もそうですね。今挙げた大学や学部では教員のかなりの比率を海外出身者が占めていて、しかも、英語で授業をしています。カリキュラムも含めて、アメリカ式の教育方針をベースにしていますから、そういった意味では海外の大学に適応しやすいんですよね。そういうところで育った学生たちは、もちろん高校までは日本で教育を受けていますから、通常の言語は日本語なわけですが、やっぱり海外に出ていく人が多いんです。オックスフォードにもけっこう来ていますよ。

吉見　いわゆる偏差値的なトップ層は東大や京大に行くんでしょうが、大学に入ってからの伸びしろは、今挙げていただいた大学に行った子のほうがむしろあると思います。

苅谷　紙の上だけで外国人教員を雇っている、名前だけスーパーグローバルと言っているところよりずっとグローバル化が進んでいますよね。ただ、APUにしても国際教養大学にしても、日本の大学市場全体では本当に一握りなわけですし、「スーパーグローバル大学創成支援事業」の中でも本当に限られた成功例で、日本の大学の出島のようなものかもしれません。

さらに、早稲田やICUでは大学の中に出島があるわけですよ。本当に英語ができる帰国子女は別として、学生たちは英語だけでなくて日本語の授業も取りますから、すべての授業を英語で行っている国際教養大学に比べたら中途半端とも言えます。それでも、そこに優秀な人たちが集まってきたら、たとえ日本語の授業が半分混じっていたとしても、その人たちのポテンシャルはちゃんと育っていくと思うんです。こういうことは三〇年前にはなかったですし、中途半端だけれども、少しずつ変わる部分があるということでしょう。

僕はグローバル人材政策の中途半端さを批判していますが、ちょっとレトリカルに言ってしまうと、中途半端であることを理解して開き直った上で、じゃあ何ができるかということを徹底したほうがいいと思っています。正しい中途半端というのはだまされたような中途半端に比べると、徐々にではあってもまともにできると思うんです。

吉見　ＩＣＵは、ハイブリッドであることの可能性を、非常におもしろいかたちで実践していますね。あそこは、英語の授業が多いだけでなく、既にお話しした、少なく深い履修科目制度が日本で既に実現している大学です。ＩＣＵの授業は、同じ科目の授業が、たとえば月水金とか、火木とか、科目間のバッティングが起こらないように最初からセットになって設定されています。あそこは三学期制ですので数え方が少し違いますが、それぞれの科目は三単位以上で、一週間に基本は三回、同じ科目の授業があります。ですから先生と学生の関係がものすごく密で、ＩＣＵで教えている友人たちに聞いても、四年間で学生たちはかなり伸びると言っていますね。しかも、ＩＣＵは全員にではなく、比較的優秀層に対してですが、ダブル・メジャーやメジャー・マイナーの制度を実施している。

東大独自のグローバルリーダー育成プログラム

吉見　先ほど、少し出てきましたが、東大がスポンサー企業の支援を得ながらグローバルリーダー育成のために実施してきたＧＬＰ－ＧＥｆＩＬという副専攻的な英語ベースの特別教育プログラムがあります。これは毎年三〇〇人入ってくる東大生から一〇〇人を選んで、実践的な英語力と二回の海外大学でのサマープログラムへの参加を通じた国際経験、それに二一世紀の地球社会が取り組むべきグローバル・アジェンダに長期間のチームワークで取り組む課題発見・解決の実践力養成をセットにしたプログラムです。このプログラムには大学二年生後半から四年生後半まで、すべての学部から学生が参加しており、参加した学生に大変大きな影響を与える成果を上げてきています。

苅谷　今のは重要なポイントで、それだけいろいろな学部から来ていたら、完全な出島ではないと思いますね。

吉見　プログラムは二年生の一二月から始まるのですが、日本でのプログラムの最初の六カ月は、二週間に一回ずつ、全員で一つのテーマについてのグループワークをやっていきます。学生たちは、問いを立て、資料を集め、仮説を立て、対応策なり解決策を考えるという論理的な思考のプロセスを、すべて英語で体験します。これは、このプログラムの具体的な運営の中核を担うニコラ・リスクティン先生の発案ですが、プログラム初期に取り上げたテーマは、当時はまだ知られていなかったミャンマーのイスラム系少数民族のロヒンギャ族の問題です。難民化した八〇〇人のロヒンギャ人が、突然、ボートに乗って宮崎県の海岸に漂着したという仮定を置き、それに行政、学校、医療、人権等々の観点からどう対処していけばいいのかをチームに分かれて数カ月かけて検討しました。

三年生夏には、海外大学のサマープログラムに参加し、九月に帰ってきたら、またグループに分かれ、今度はグローバルヘルスやピースビルディング、グローバルエコノミー、サステイナビリティーといった実践的なテーマに指導教員の下で取り組みます。この取り組みもすべて英語で行われますが、けっして単なる座学ではなく、たとえばグローバルエコノミーだったら、世界的な展開をしている企業の現場で、マネジメントのプロたちと議論を重ねていきます。サステイナビリティーでしたら、東南アジアに研修に行って、水資源の問題を調査してきたりもします。二〇一九年秋から私もここでグローバルシティーのチームを指導しますが、チームの学生たちとグローバル・キャピタリズムの中で巨大化した都市の旧市街区の保存活用について、東京と他の世界都市をつないで分析・提案する作業を進めるつもりです。このテーマ別の実践的なプロジェクトの先で、四年生の夏にもう一度、海外プログラムに参加して、最後に発表会を行って修了です。

参加した学生たちは、このプログラムは東大での生活で一番重要だったし、一番いろいろなことを学んだと言ってくれます。彼らの英語は僕などよりはるかにうまいですし、物事を論理的に思考したり具体的な問題を考えたりするのも英語でできますから、グローバルに通用するでしょう。僕はもう三〇年ぐらい東大で教えていますが、東京大学にこんなに素晴らしい学生が少数でもいたんだということに驚いて、少し感動しました。

苅谷　それはたいしたものです。僕も、東大にいたら、このプログラムをやりたいと思うだろうな。

吉見　制度的な基盤が弱いところから立ち上げた全学横断の教育プログラムですから、学部が組織的に協力してくれるというふうにはなかなかなりませんでした。それで、それぞれのチームを教える主任の先生は、ピースビルディングだったら藤原帰一先生、グローバルエコノミーだったら藤本隆宏先生と半田純一先生にお願いするというように、英語ができて東大のグローバル化に危機感を持っている先生たち一人ひとりを私と先ほどのリスクティン先生で個別に口説きました。ボランティア的に負担をお願いすることになってしまっているので申し訳ないのですが、幸い志が通じたのか、現在、藤原先生や藤本先生、半田先生に加え、グローバルエデュケーションのチームは教育学部の北村友人《ゆうと》先生、サステイナビリティーは工学系の福士謙介先生、グローバルヘルスは医学部の神馬征峰《じんばまさみね》先生が担当してくれています。つまり、教育、法、経済、工、医といった学内の主要研究科でグローバルに活躍している先生が横断的につながって、チームの指導を引き受けてくれています。

苅谷　やっぱり、できるところからやっているというのがいいですね。東大の学生をすべてカバーするとなると先生たちも全員が参加しなければいけなくなって、面倒くさいということになりますから、一部でいいと思います。一学年で一〇〇人となると、毎年やれば四年で四〇〇人ですね。

吉見　一〇年で一〇〇〇人の計画。錚々《そうそう》たる先生方が協力してくださってきたのは、何よりもこのプログラムに集まる東大生が優秀だからです。指導に相当な時間が取られますし、それに見合う経済的対価はまったくお渡しできていないのですが、それでもこんなにすごい学生たちを集中指導できるのは、東大だからこそだという自負があります。

苅谷　それはすごいですね。画期的ですよ。東大がこういうことをやっているというのは、世の中にも国際的にも、もっと知られていいと思います。

吉見　東大としては画期的なプログラムで、私もファウンディング・ファーザーの一人として一生懸命、宣伝をしていますが、認知度という点ではまだまだですね。

ファンドレイジングという要因

吉見　なぜこのＧＬＰ－ＧＥｆＩＬが成果を上げているかというと、その一因は学生たちへの奨学金をほとんど自前で集めて運営していることにあります。もともとはグローバル人材育成についての国の補助金事業に応募するところから始まったのですが、真面目に数字を書いたら国の予算は取れませんでした。東大は、実際の国際化に関する数値はまったくよろしくないので当然と言えば当然ですね。東大だから通るというわけではない。それで、普通なら挫折して終わりですが、東大独自の、つまり本当の自分たちの強みを生かすようなグローバル人材育成を自力でやろうということになり、奨学金はすべて外部資金、つまり企業からの寄付を集めることにしました。教職員の人件費まで寄付に頼ることはできませんので、そこは大学に面倒を見てもらっています。

立ち上げの頃、私は大学本部の渉外系の職員たちと一緒に東大にゆかりのある企業を四〇社くらい回りました。既にお話ししたような、東大のトップ一〇〇人を対象に、二年間の時間をかけて二回のサマープログラム派遣と課題解決型のチーム作業をグローバルイシューについてやっていく計画を説明し、この計画は日本のトップ大学の国際化の決定打となると熱弁して回ったのです。それで、とにかく一社五〇〇万、できれば五年間、寄付を出してくださいとお願いして、ファンドレイジングに奔走したのです。僕は若い頃、就活していませんから、五〇代後半になって本格的な就活をしたという感じでした。

いろいろな企業の副社長や専務のところを回って頭を下げたことは、すごく勉強になりましたね。お金をいただきに行くのですから、ひたすら頭を下げ、お願いをしていくのですが、業界ごとのカルチャーの違いや、それぞれの企業のグローバル化に対する構えがとてもよくわかりました。ある企業では、私が説明を終えると、「中途半端なプログラムですね。東大さんが本当にグローバル化対応をしようと思っているんだったら、新学部くらいおつくりになったらどうですか」と率直に言われてしまいました。「これは、負けたな」と思い、その時は引き下がりましたが、悔しいので数カ月後、やっぱりあの会社にもう一度行って、同じ重役に会っていただこうと渉外の連中と話しました。それで、可能な限りプランを修正して、その同じ重役に「これだけがんばってみました」とご説明したんですね。少し対応が変わったので、これは脈があると思い、そんなこんなを何度かやり、最後は「わかりました」と言ってもらえました。三度、四度通っても、やっぱりだめだったところもあるのですが、ファンドレイジングというのは、要するにしつこさ、粘り強さなんだなあと悟りましたね。こんなこと、企業の営業だったら毎日やってることですね。

苅谷　吉見さんは当時、東大の副学長だったとはいえ、その役割を超えてますよね。そこまで吉見さんを突き動かしたものはなんだったんですか？

吉見　それは、私が馬鹿だからですね（笑）。一度、本気になって始めると、成功するところまであらゆる方法でなんとか持っていこうと必死になる。愚かだと思いますよ。だって、自分にとっては一銭の得にもならないのですから。むしろこれは就活で、いろいろな企業を回り、お願いをし、相手に合わせてあらゆる会話をしていくのです。それはそれで、ハマるとそれなりにおもしろくもなってきます。ただ、あの時、私はＧＬＰ－ＧＥｆＩＬというこの東大の教育プログラムの未来に自信を持っていましたから、正々堂々と企業のみなさんに熱弁をふるっていくことができた。よほどのことがない限り、こんなことはもう二度と絶対にしませんね。就活は一度でたくさんです。

でも、私のように馬鹿な先生は、東大にはあまり多くないかもしれません。企業でのキャリアを生かして大学教授になった人たちは、もちろんこの種のことが得意ですね。しかし苅谷さんも私も純粋に学問の世界で生きてきた人間で、ファンドレイジングなんて素人の手習いですよ。しかも、私たちは「役に立たない」と言われている文系人間です。だから本来は、私のような人間が、東大のファンドレイジングのために企業から企業へと奔走するのは、なんだか根本的に間違っているような気もします。でも、それだと誰もやらないのですね。口先で立派なことをいろいろおっしゃる方はいるのですが、本当に汗水流して、しかも本来ならば学者がするとは思われていないことまでしてでも、とにかく事業を立ち上げようとするには、ある種の執念のようなものが必要ですね。

苅谷 ちなみに、参加した学生たちの進路はどうなっているんですか。

吉見 大学院に進んだり、海外の大学に留学したり、外資系企業に行く学生もいます。スポンサー企業は、本当は彼らを採りたいという気持ちはあると思いますし、一部の学生は採用されています。しかしそのへんは、千差万別です。学生にはそれぞれの将来へのビジョンがあり、私たちはそれを伸ばそうとしているのですから、学生たちの発表をスポンサー企業が聞いたり、その後のレセプションで話をしてもらったりという、いろいろな接触の機会を設けていますが、最後は学生自身の判断です。

苅谷 ファンドレイジングって、自分たちのやりたいことをやるために、口を出さないでお金をくれるところを探すわけじゃないですか。そこで、大学の公共性というものが社会の中で認められていれば、企業のほうだってお金を出していくことに抵抗はないんですよね。大学のファンドレイジングが成功するのは、やっぱり、ここにお金を出すのはいいことだという大学性善説が前提にあるんです。何度も言っていることですが、大学に対する信頼や敬意もなく、「日本の大学はだめだ」という意識でいると、資金を出してもらうのは難しいかもしれません。

吉見　僕が企業を回る時に何を言ったかというと、「東大は地頭のいい若者が年に三〇〇〇人集まっていて、その中から選ばれた一〇〇人は本当にトップのトップです。この一〇〇人が一〇年経てば一〇〇〇人になって、一〇年後、二〇年後、日本を動かし、世界を動かしていくことになります。そういうエリート集団をこれからつくっていくので、協力してください」とお願いしました。上品ではありませんが、ナショナリズムに訴えたのですね。実際、学生たちの発表会にスポンサーになってくれた企業の人たちを呼ぶと、みなさん本当に感動してくれます。「サポートして良かった」と言ってくれることが多いのです。

苅谷　特定の企業に貢献するわけでも日本の経済力を高めるためだけでもなくて、もっと大きく何かを変えるという、本当のポテンシャルを訴えたんですね。吉見さんという個人ががんばったことで、企業もお金を出してくれて、プロジェクトが動き出せたということでしょう。

吉見　いや、日本の産業力を高めるという経済ナショナリズムは、ちょっと使わせてもらったかもしれませんね。これは普段、私が本で書いていることとは矛盾しますね。でも、人格は複数的なので、まあ大目に見てください。寄付集めをしたのは私ですが、それを受け取ったのは東京大学で、つまりこの主張の責任は東京大学にあるのです（笑）。

それで、ここからが一番重要なのですが、寄付金をもらう最大の意味は、そのお金以上のところにあります。もちろんお金がないとプロジェクトが動かないから寄付金が必要なのですが、本当はそれだけではない。大学というのは、けっこう一貫性のない組織で、あるプロジェクトを進めてきた中心の先生が退職すると、とたんにそのプロジェクト全体が消えていくというようなことが頻繁に起きます。全学部的、ないしは全学的な取り組みでも、その学部や大学の体制が変わると、前の執行部の取り組みが継承されるとは限らない。つまり、大学内部の組織的な持続可能性がかなり脆弱なのです。しかし、ある事業について、大学として国内外の名の知れた企業からそれなりの規模の寄付金をもらってしまっていると、スポンサー企業への説明責任が前提としてありますから、そう簡単に既に進行中のプロジェクトをやめられなくなる。それどころか、それらの企業に説明するために、毎年、着実に成果を上げていかなければならなくなる。つまり、スポンサー企業が監査役の役割を果たしてくれるのです。大学が長期的な戦略の中でする教育プログラムに、多くの企業から寄付をいただいていくことの本当に重要な意味は、ここにあります。

補助金の計画主義から実績主義への転換

吉見　先ほどの国の支援事業の話に戻り、ここで提案しておきたいのは、こうした国の補助金を、計画に対して出す方式から実績に対して出す方式に転換することです。

計画に対する補助金の場合、「来年度、こういう補助金プログラムを始めます」ということが国の方針として掲げられると、その公募に向けて大学が申請書を作成していくことになります。それで、企画や作文の能力がかなり高い教授たちが集められ、申請書づくりが始まります。大学はお金が欲しいですから、それぞれの項目についてちょっと盛って、しかし後から厳しいことを言われないように上手に逃げ道をつくった申請書をつくっていきます。そのへんの技術は、私たちにはあるのです。その結果、表向きはかなり立派なことが書いてある申請書ができて、審査委員会でのプレゼンに備えます。こういったプロセスは、それぞれの大学でルーティンとして確立していると思います。ですので、外見的には立派な申請書と立派なプレゼンがなされ、あたかもこれなら日本の大学の未来はバラ色だと思わされてしまうような雰囲気で審査が進行していきます。言っておきますが、私はこの種の補助金の審査に裏取引はないと思っています。

それで、レベルの高い申請書とプレゼン、極めて公正な審査に基づいて、いくつかの大学に補助金が下りることが決定します。ある大学が大型補助金を獲得すると、今度はその大学の中で予算の分捕り合戦が始まります。アフリカの大草原で、誰か勇敢な戦士とその部族がマンモスを倒すと、次の瞬間にそれまで森に潜んでいたさまざまな部族が出てきて、自分たちも協力をしただろうとか、これから付き合いは長くなるからちょっとこちらにも分け前をよこせとか、いろいろなことが学内で進行していくのです。その際、補助金を獲得した側も、当然ながら無条件に予算を分けるのではなく、大学が向かわなければならない方向に、それぞれの組織がどれだけ協力してくれるか、実質的な交渉をしながら分配の仕方を考えていきます。ですからこれは、お互いのバーゲニングですね。

ところが最近の国の補助金は、毎年、予算がカットされていきます。平均して、年ごとに一〇パーセントずつくらいの削減でしょうか。そうすると当然、既存の仕組みを変えてでも事業を推進しようとする側の交渉力は弱まりますね。それぞれの組織は、その組織の視点から損得を判断しますから、事業推進側の交渉力が弱まれば、その分、変化は進まなくなります。それで結局、計画したほどには結果は出ません。それでも一応、ほぼ計画通りの成果は上がったかたちにしなくてはなりません。しかしもちろん粉飾はできませんし、大学人は真面目なので粉飾は普通しません。ですから結局、前に出てきた「等」のような公式に認められたレトリックを使ってかたちを整えるのです。

つまり、一般には補助金の審査や予算執行をめぐって不正があるわけではないし、そのあたりは昨今、概して厳正に管理されているのですが、しかしもっと根本的なところで何かが間違っている。ちょっとまた比喩になりますが、僕は日本の補助金事業は、旧ソ連末期の計画経済と同じだと思うのですね。国が計画を立て、それに事業者が応募して採用されると補助金が出され、この一連のプロセスに膨大な労力と神経が使われるので、必要な組織の構造改革はちっとも進まない。文科省や財務省が本当に日本の大学を変えなければならないと思っているのなら、このプロセス全体を変えるべきです。

つまりそれは、計画主義から実績主義への転換です。補助金は、今までのように計画に対する審査によって付けていくのではなく、その事業が上げてきた成果の検証可能なデータに基づいて審査し、付けていくべきです。ある新しい事業を大学が立ち上げようとする場合、最初は苦しくても自腹ですべきです。あるいは先ほど自分の例で示したように、誰かが企業を駆けずりまわって寄付金を集めてくる。それで三年とか五年、自前で必死にがんばって実績をつくったとしたら、その時点で実績に対して審査をして、その価値を証明できている事業ならば、そこから先は国の補助金を入れて事業を継続的に発展させ、全学、さらには他大学にまで広めていく、それを国がサポートするようにすればいいのです。国はこういう中間段階に、いいものをさらに広めていくためのファシリテーターとして関与すべきです。この中間段階での国からの予算の注入がないと、最初は第一世代ががんばって立ち上げた事業も、第二世代に交代するタイミングで失速します。

苅谷　つまり自己犠牲ではできないんですよ。ＧＥｆＩＬだって、先生たちはボランタリーに協力しているわけで、やっぱりみんな忙しいですから、負担するのは限界だというふうに必ずなってくるでしょう。

吉見　だからこそ、実績がある程度できたところで、国の予算を投入して、ヒューマンリソースを付けてあげれば、ボランタリーにやってくれている先生たちは楽になるし、一層やる気も出てくるんです。

苅谷　この議論の中で吉見さんがおっしゃっていることは、学生にも日本の大学にも実はポテンシャルがあるということですよね。ただ、ポテンシャルはまだ潜在的ですから、ポテンシャルのままではだめで、どうやったらいい方向でかたちを見せられるかということが大事です。

鶏が先か卵が先かという話になってしまいますが、でも誰かが動くと、やっぱり見えてくるんですよ。ＧＥｆＩＬで吉見さんがやられたようなことは、ポテンシャルをどう使うかという時の本当にいいモデルとしてちゃんと出すべきだと思います。ランキングがどうだとか、何かわけのわからないカタカナ語でやるのとは発想が全然違いますし、どういう仕組みでこれがうまく回っているのかということを分析して知識として伝えていけば、やってみようと思う人が、これから絶対出てきますよ。抽象的な言葉で人を口説くのはなかなか難しいけれど、具体例から始まると人は動くんです。

そういう取り組みが最初は点として生まれてきて、次に大事なのは、その人たちを孤立させないように、ネットワークをつくってつないでいくことです。ある程度塊ができたところで、そこになんらかの支援が導入されれば、また次の段階に行けるじゃないですか。初期の段階ではちょっとしんどいと思うけれども、それをやった上でそこに何か付け加えられる資源があって、それがまた積み重なることによって、はっきり手応えのある結果として出てくれれば、まさに最初の出島がだんだん大きくなって、出島ではなくなります。外国人教員を二〇パーセントにするというのも劇薬ですが、それを実行した時の抵抗を考えると、こちらのほうがグローバル化を進めることができるのではないかと思いますね。

ポテンシャルの重要性

苅谷　オックスフォードの教え子で、岡本尚也さんという人がいるんですが、彼はケンブリッジで物理学の Ph.D. を取って、「ネイチャー・マテリアルズ」にも論文が掲載された非常に優秀な研究者でした。ところが、彼はどんどん内向きになっている日本人の若者をなんとかグローバルな土俵に乗せてあげたいという志を立てて、物理学者の道を進まずに、「まずは日本の教育や社会について学びたい」と僕のところに来たんですね。

彼は今、「Glocal Academy」という一般社団法人を立ち上げて、全国規模で、地方の高校からグローバル人材を生み出す取り組みを行っています。毎年何人かの高校生をオックスフォードに連れてきて、オックスフォードの学生にサポートしてもらいながら、やっぱり英語でテーマを考えさせて、英語で発表させるんです。僕は彼のことを応援していますが、若い人の中からそういう人たちがいろいろと出てきていますね。

吉見　その高校生たちにしても、オックスフォードに来て、英語で学んで英語で発表するということをして初めて見えてくることがものすごくあるはずですね。

苅谷　たぶん、オックスフォードという場所の力もあると思います。この重厚な雰囲気の中に高校生が置かれると、何か感じるんですよ。そこで意欲に火がつくという感じじゃないでしょうか。

吉見　それは一週間の滞在でも、人生を変えるものになり得ますね。GEfILの学生たちだって、たった一カ月の海外経験でも英語がものすごく上手になりますし、人生に対する構えや立ち居振る舞いが変わってきますから。

苅谷　その場に行くと、なぜこれがやりたいかが具体化するんですよね。

吉見　こういうことは、教育のエッセンシャルな部分だと思います。僕ももう少し若い頃は、自分の研究室にいる修士や博士の学生をよく国際学会に連れて行って、とにかく英語で発表させていました。海外の国際会議で、もう逃げられないというところに本人の存在そのものを置いてしまわないとだめなんです。おもしろいことに、発表が近づいてくると、みんなだんだん真剣になってくるわけですよ。結果としてうまくできなかったというケースもたくさんありますが、必死になって準備をして、とにかく発表するという経験が彼らを変えていくんです。それは人間が持っているポテンシャルだと思いますし、あるレベル以上学んでいるからこそ生まれるポテンシャルでもありますね。

苅谷　その場に行っても反応するかどうかは個人差もあるし、そこでどんな人に会うかといった出会いも含めるといろいろな偶然性も関係してきますが、偶然性に任せた経験というのは何かを生み出す可能性もあるけれども、ポテンシャルに頼るところが大きい。つまり、感受性の高い、本当にポテンシャルがある人だったら、かなりの確率で何かが生まれるということが起こるわけですが、そこを前提にしないままだと、短期留学って観光旅行になってしまう。

グローバル化の掛け声が高まったことで、留学プログラムをやっていると言えば受験生を集められるというふうに、大学のマーケット・メカニズムの中にインプットされてしまっています。でも、下手すれば現地の語学学校に丸投げであとは引率するだけみたいなことになっていて、たとえば、最近流行っているのは、夏の間、学生がいないオックスフォードのカレッジの部屋を借りて、そこに学生を連れてきて英語を学ばせるというようなプログラムです。確かにオックスフォードというところには来ました。けれども、短期的な留学プログラムをつくって、英語教員が引率してバスに乗せ、あちこち回る。悪く言えば、修学旅行の海外版です。これは単に今までの日本の経験をそのままオックスフォードに持ってきているだけで、学生たち同士は当然ながら日本語でしゃべってしまうでしょう。これでは、自分の前提を壊していく経験にはなりにくい。

統計を見ると、海外に行く日本人の留学生は増えているんですが、ほとんどが一カ月未満です。でも、短いからだめだということではなくて、その短期間の「留学」でも、ちゃんと準備をして、英語でしっかり学ばせるということをやればいいんです。でも、そうじゃないやり方でたかだか数週間外国に行ったところで、それはグローバル化とは呼べません。

根底にあるべきオプティミズム

苅谷　ＧＥｆＩＬに話を戻すと、協力している先生たちはみんなもちろん能力があって、一人ひとりの研究者としてはもともとグローバルだった人たちです。けれども、それだけじゃなくて、そういうプログラムに対して、やってみようという潜在的なまさにポテンシャルがあったわけですよね。もっと言えば、実は先生たちも気が付かない、東大という大学が持っているポテンシャルがあったのだと思います。それをどうポジティブに引き出すかを考えるのが大事ですし、そのポテンシャルを我々がどうやったら信頼できるものにしていけるのかは非常に重要です。その信頼というものがないと、やっぱり後ろ向きになってしまいますよ。

やっぱり大学の先生って、教えることの成果が見えてきて、学生が変わったことに対して、自分のこと以上に喜びを感じるものです。単に成果が出るというだけではなくて、たとえばＧＥｆＩＬのようなプログラムで学生たちを指導するプロセス自体が、絶対おもしろいはずです。そういうおもしろさや喜びというものがエネルギーにならないとだめだと思いますね。

もちろん、吉見さんも僕も、研究者としては、ある問題についてはすごく批判的です。でも、その根底にあるのは、おそらくどこかそういうオプティミズムなんです。

吉見　そうですね。たとえば、今回の議論で言えば、アカデミック・キャピタリズムやグローバル・キャピタリズムの中に大学が組み込まれていく現状に対して、クリティカルに思考することは大切です。でも、批判しているだけでは何も未来は開かれていかない。

苅谷　変わると思うから、やるわけですよ。だから、そのオプティミズムがポテンシャルとつながった時に、歯車をネガティブとポジティブのどちらに動かすかということだと思います。僕はポジティブなほうにいきますが、僕が東大にいて、こういう話をしたら浮いてしまうでしょうね。

日本の社会では、そうやってポジティブに物事を語ろうとすると、どうしても足を引っ張られることが多いんですが、なぜかと言えば、なるべく安全志向でいこうということになるからです。何か新しいことをやると、必ず「いや、それはでもね、だめだよ」というところから始まるでしょう?

吉見　外側からの批判を続けることは、ある意味でとても安心なんですね。批判的であることに固執する保守性というのが、日本の大学の、とりわけ人文学系にはあるような気がします。他方、単純にお金が必要だからと、危機感をてこに立派な申請書を書いて国の予算を取って来るというだけでは、そのお金はいろいろ食いものにされて終わりです。危機感だけでは歴史は変わらない。多くの人が共有できるビジョンが必要です。

苅谷　危機感から始めてしまうと、何か起爆剤のようなものを使って突破口をみつけないといけないという感じになって、ついてくる人はついてくるけれども、途中で息切れしてしまうことが多いんです。それよりもポジティブな良循環のモデルを見せるほうが人はついてきますよ。

ちょっと気になったのは、吉見さんが一人ひとりを口説いて協力してもらう時に、みんなに危機感があるから志が通じたという話がありましたね。それも一つの解法だけれども、危機意識を募るばかりでは、多数は逃げてしまって、心ある教員が孤立してしまうでしょう？　それだと一人の革命になってしまうじゃないですか。

吉見　大学というのは、実は変えたくないという人が多数派です。ただ、ＧＥｆＩＬも最初は危機感をバネに始まりましたが、比較的うまく進んできた最大の理由は、学生の優秀さに対する信頼です。みんなが東大のトップクラスの学生たちを教えて手応えを感じたわけです。この学生たちはすごい、という。だからこれは、どこの大学でも通用する方法論ではないかもしれない。それぞれの大学に、それぞれ最適の方法があるはずです。

苅谷　今、すごく重要な話をされました。つまり信頼というのは、空虚な概念のレベルの問題ではない。前にも話しましたが、まさにしっかりした手応えがあれば、これは反応（レスポンド）しているわけで、それによってまさに責任も生まれるし、責任を支える信頼も生まれるんですよ。

小さな試みでも誰かが一歩を踏み出すかどうかはとても大事なことで、結局人なんです。

藤原さんや藤本さんも、たぶん吉見さんだから「一緒にやろう」という気持ちになったと思います。僕は東大時代に一人で相撲をとって負けちゃったけれども、そういうことを経験してわかったのは、成功しても失敗しても、やってみると違ったことが見えてくるということです。もちろん、成功するにこしたことはありませんが、とにかくやってみなければ、何も変わらない。

人に依存することは持続性という点では問題がありますが、イノベーションって、基本的には人からしか生まれないですよね。組織といっても人の集まりですし、やはり心ある人がいることで変わっていくのだと思います。

一人の力と組織の力

苅谷剛彦

たぶん、イギリスの大学で長年働いてきた私は、「グローバル人材」ということになるのだろう。英語を使って学生を教え、研究論文を書く。それだけでなく、いろいろな国の国際会議に呼ばれる機会や、国際ジャーナルや研究書の査読を頼まれることも、東大の教員時代に比べると何倍にもなった。オックスフォードという大学の一員であるということで、日本やイギリスに限定されることなく、「グローバル」に移動し、大学人としての役割を果たす機会が増えていった。日本人の社会学者として仕事をしているので、日本（言語、文化、歴史）といった根っこを持って、自分なりに積み上げてきた知識や経験をグローバルに還元できればと願って仕事をしてきた。

もちろん、一人の人間ができることには限界がある。それでもさまざまなネットワークの結節点（ノード）の一つくらいにはなろうと思って、人と人をつなげることにも意を用

テムズ川の支流でボートの練習をする学生

いて仕事をしてきた。グローバルなネットワークと日本とをつなぐ結節点の一つとしての役割も自覚してきた。それがどれだけの広がりを持つようになったかはわからない。だが日本の大学に勤めていた時とは違う感覚でノードとしての役割を意識するようにはなった。

この章の対談で最も印象的だったのは、吉見さんの一人の力が、東大のグローバルリーダー育成プログラムを動かしてきたという話である。ネットワークを、線のつながりから面へと、しかも恒常的な組織へと変えていく。もちろん、吉見さんに賛同する同僚や企業の協力があったからこそ進んだ変化だろう。それでもそれを組織のレベルで動かすためには、個人の側の膨大な時間とエネルギーが必要だ。それを突き動かしてきたのは何か。実現可能になった条件は何か。吉見俊哉という個別のケースだけからも、日本の大学の閉塞感を打ち破る手がかりがたくさん得られる。

確かに、冷静な頭と眼《め》を使って現状を精緻に分析し、問題点を取り出し、その理解を広げるという研究者の仕事も重要である。しかも、社会科学の研究者が現実の問題を分析する時には「最悪のケース」が起こりうることを考慮に入れて現実を見る。悲観論者の視点である。

だが、自分が実際に動こうとする時には楽観主義者になる必要がある。そして実際に動いた時に見えてくる景色の変化には、外から第三者的に見ているだけではわからない問題点や可能性（ポテンシャル）のありかが、より具体的に見えてくるだろう。冷静で精緻な分析力と果敢な行動力を備えた社会学者の経験である。一人の力が一人を超える瞬間がそこに示される。

第六章　都市空間としての大学――キャンパスとネット

キャンパスの空間と大学のバーチャル化

吉見　今回、苅谷さんにオックスフォード大学のキャンパスを奥の奥まで案内していただいて、本当にここには、中世からそのまま時間が止まっているような場所がまだたくさんあることに感銘を受けました。カレッジごとに高い塀で囲まれていて、チャペルや回廊があるというフィジカルな空間と、オックスフォードがどういう大学なのかということは、どこか深く関係しているところがありますね。つまり、空間的な形態と組織のあり方というのは、つながっている。オックスフォードの場合は、一つひとつのカレッジの独立性が非常に強いというのが一目でわかりますし、キャンパスの外に出れば、オックスフォードという街に観光客がとても多いということも含めて、この大学の世界の中でのありよう、ポジションを体全体で感じることができるわけです。
そしてとりわけ、オックスフォードのキャンパスを見ると、既に話してきた中世の大学としてのオックスフォードと近代、さらには現代の大学としてのオックスフォードが重層構造をなしていることが、直接、目に見えるかたちになっていると思います。

苅谷 オックスフォードでは中世と近代が二層になっているというよりは、いまだにどこかで中世を生き残らせているという感じで、今でも中世なんです。いわば中世と近代と現代が入り組んでいて、それぞれの違う機能が同時に存在しているのがオックスフォードで、本当に特殊な大学だと思います。それを象徴するのが、カレッジという、それぞれが塀で囲まれたフィジカルな空間であり、それらの連合体としてのユニバーシティーをエグザムスクールが象徴しているということですね。だって、ユニバーシティーのアドミニストレーションの建物はみんなみすぼらしいですよ。ところが、それぞれのカレッジのアドミニストレーションはちゃんと自分たちの重厚なあの建物の中でやっているわけです。

吉見 そうすると、オックスフォードの場合は中世と近代と現代が入り混じりつつ、そのそれぞれがこの街でまだ厳然と生き続けているわけですね。アメリカの大学も、郊外か都心か、あるいは東海岸か西海岸かで全然違いますし、それぞれの大学のカルチャーと空間的なかたちが明らかにつながっている。東京大学も、キャンパスを歩くと、やはり大学の成り立ちや学部相互の関係などが微細に見えてくるところがあります。

ただ、二一世紀の今、世界中の大学で、インターネットを通じて人々の学びの営みをグローバルに覆うバーチャル空間が、大学における四層目の構造をなしつつあります。それにより、フィジカルにはオックスフォード大学はオックスフォードの街の中にあり、ハーバードはマサチューセッツ州のケンブリッジの街の中にあっても、グローバルなネットワークとしては世界中のどこともつながっているという二重性が生まれている。

ここ一〇年、二〇年で、ＭＯＯＣｓに代表されるｅラーニングの遠隔教育システムが爆発的に広がったことは、その典型でしょう。第四章で、図書館の巨大な書庫に紙としての本が延々と並んでいる風景を前にした時のおののきが僕らの世代の学問の原点だという話が出ましたが、実際にはそれをはるかに超える情報がデジタルアーカイブとして大学の図書館に集積されています。教科書はｅブック化し、論文もデジタルで書いてＰＤＦで提出して集積されることにどんどんなっていますから、紙の本はもちろん、そもそも紙にプリントアウトすることすら当たり前でなくなりつつあるのが今の時代です。

こうしたネット空間化への対応では、ハーバードは東大よりだいぶ進んでいました。Ｌ

MS（ラーニング・マネジメント・システム）による授業運営、図書館で本を借りる仕組み、文献をPDFでアップロードしてシェアする仕組み、それからスポーツや演劇を見に行くような課外活動の申し込みなど、一つのウェブサイトにすべてが統合されています。

苅谷　オックスフォードはハーバードと違って、もっと分化されていますね。

吉見　東大もやはり分散的で、LMSと図書館のシステムと人事関連のシステムとその他、すべてばらばらで、それぞれ違うパスワードを覚えないといけない。

苅谷　オックスフォードではパスワードは一緒ですが、アクセスする場所は違いますから、ばらばらということでは、東大よりもっとかもしれない。まず大学の中でばらばらだし、さらに三八あるカレッジごとに違うシステムですから。

吉見　本当に、東大より分散していますね。

苅谷　逆に言うと、自分が属するカレッジだけ見ていればいいんです。僕は他のカレッジのページはほとんど見ないですね。

あと、オックスフォードは、有名な先生のレクチャーをオンラインで公開するということは別として、あえてMOOCsはやらないんです。ここはチュートリアル教育だから、人と人とが一対一でフィジカルに対応することが大事なんですね。僕の研究室は新しいですが、中世の雰囲気を残す古いカレッジにある先生たちの部屋で、先生が一対一とか一対二とかで学生に教えるのは、そのパッケージ自体が中世のリチュアル（儀礼）を残しているという感じです。

中世さながらの試験風景

苅谷　もう一つ付け加えると、ここはいまだに紙ベースですね。たとえば、卒業試験では完全に紙ベースの手書き（ハンドライティング）の試験を三時間やるんです。いまだにほとんどの授業ではコンピューターで答案を書くことを許していない。そうすると、学生が三時間必死で書いた手書きの答案がどういう状態か、想像がつきますか。

吉見　相当、乱暴な汚い字になりますね。判別不能な字もかなり混ざっている。私も字はかなり下手なので、あまり他人のことは言えませんが。

苅谷　しかも、グローバルな大学ですから、いろいろな国から来た学生のハンドライティングの作法が全然違うんですよ。日本人や東アジアの学生の答案は比較的読みやすいですが、ヨーロッパ系だと、tの横棒がなかったり、iの点がなかったり……。しかも採点は必ず二人で行いますから、そういう答案を毎年一〇〇人分ぐらい、順繰りに回して見ていくんです。

吉見　すごいな。

苅谷　長年、パソコンで書いたエッセーを提出させればいいじゃないかということは議論しているんですが、それは成績に関係しない、学期の中間で提出するエッセーですね。しかも、試験には相当抽象度の高い問題が出されます。要するに、学んだ知識との対応関係の自由度を高めることによって、学生の思考力を測ることができると考えられている。卒業論文や一部の科目を除き、成績はほとんどその手書きの最終試験で決まり、先生たちが個別に議論して、試験委員会の会議で最終的に採点結果を認定して成績をつけます。そこでITは使いません。

吉見　それは、アメリカと全然違いますね。

苅谷　しかも、単位制じゃないんです。だから、ある科目を取るとなったら、最終試験を受けるしかない。しかも、それをエグザムスクールにみんなで集まってやりますから、東大の入学試験とそっくりの景色ですよ。しかも、試験監督をやる僕たちも学生たちも、その日はブラック・ジャケットを着て、白いワイシャツに白いボータイをつけ、その上からアカデミック・ガウンを着用します。これは、世界で唯一残っているオックスフォードのリチュアルで、しかも夏の暑い最中にやるわけです。

吉見　試験が儀式になっているんですね。これは、中世そのものですね。

苅谷　大学院の学生も博士論文の口述試験の時には、先ほどと同じ服装で受けます。試験官の先生も同じ正装です。階級社会ですから、制服を着るとそういう差異が見えなくなるという考え方ですね。

それで試験の採点をする時は、大きな学部になると、自分が教えていない科目を採点したりするんです。

吉見　えっ、本当ですか？

苅谷　その科目を教えている採点者と教えていない採点者は対等で、採点者二人で合議をして、成績をつけていきます。だから、僕も自分が教えていない分野の科目の答案を採点します。解答の内容が正しいかどうかは細かいところはわからないんですが、じゃあ何を採点するかというと、ちゃんと問題設定がされていて、どうやって解答するかという手続きについての議論がきちんと行われ、読んだ文献が論理的に、しかも有効に使われているかどうかという点を見るんです。もちろん、オリジナリティーの高い答案も高く評価される。

吉見　本当に、あえてバーチャル化していないんですね。そこのところは、アメリカの大学の常識とはものすごく違います。アメリカの大学の場合、インターネット環境への適応は、選択の余地のない所与の前提になっているように思います。

苅谷　イギリスの中でだって特異ですよ。ただ、他のイギリスの大学でも、ハンドライティングで解答するという形式はけっこう残っています。結局、試験自体が、いかようにでも答え方がある自由度が高い問題ですから、学生はそれだけ自分の考えを表現しなければいけないんです。しかも、暗記とまでは言いませんが、考えたことを頭の中に入れて試験場に持ち込まないといけない。

普通、我々だって、何も見ないで答えろという場面はないですし、必要な場合には調べられるというのは、知識の再生産としてはオーケーじゃないですか。でも、ここではいまだに頭の中に全部詰め込んで試験場に来なさい、というやり方になっています。ですから、一日に受ける試験はなるべく一科目にします。それでも、一日三時間の試験を三日、四日続けたら、学生はもうへとへとですよ。

これはちょっと余談ですが、試験を受ける初日、学生はみんな白いカーネーションを胸につけて、中日はピンク、最後は赤になるんです。何を象徴しているかというと、本当かどうかはわかりませんが、だんだん血に染まっていくプロセスを表すと言われています。街で学生を見かけても、ジャケットに何色のカーネーションをつけているかで、その学生が試験のどのステージにいるかがわかります。それから、先に試験を終えたカレッジの学生から花をもらったりして、本当に儀式なんです。

学生生活の始まりと終わりを儀式化する

苅谷　ご存じの通り、儀式というのはどういう空間をセッティングするかということが不可欠ですよね。だから、カレッジから独立したエグザムスクールという建物が必要なのであって、学位を出すのはカレッジではなくてオックスフォードというユニバーシティーだという、まさにそのための建物なんです。

僕が試験監督としてエグザムスクールに行くと、始まる前に、事務官が試験の説明をするんですが、それを厳粛に聞いている学生の様子は本当に日本の大学入試とそっくりです。ただ、おもしろいのは、日本の大学は入試で厳粛な試験というリチュアルをやり、卒業の時は卒業式という儀式しかないですよね。それに対しオックスフォード大学の最大の儀礼の場はおそらく最終試験で、そのための特別な空間と特別な儀式を用意するんです。衣装と時空間と、しかもカーネーションの色まで変えて、まさに演劇的な空間をそこでつくる。そうやって、始まりと終わりという時間の区切りを儀式によって明確にすることで、その間に行われていることの意義を高めているんですね。試験の時の服装にしても、何年かに一度、もうやめようという議論が出てはいます。でも、学生たちが最終的に投票して決めると、いつも残すほうが勝つ。要するに、学位というものの権威を、まさに儀式によって生み出しているんです。他にもいろいろな儀礼や儀式があって、先生と学生の身分は当然違いますから、部屋が区別されていたり、ガウンの袖の長さが違ったり、カレッジによっては誰が庭の芝生の上を歩けるかどうかが決まっていたりする。みんなリチュアルによる権威付けです。

ただし、それは現代的な意味を与えていることでもあるんです。我々が大学で教えている価値はＭＯＯＣｓではできないし、大学の外向けのものを除けばｅラーニングの仕組みのようなものもまったくありません。確かに、シラバスや予習すべき文献の提示やエッセーの提出にＩＴを使うことはあります。学生の進捗状況を示す学期ごとの報告にもＩＴは使われています。一種のＬＭＳかもしれませんが、アメリカの状況やｅラーニングというのとはちょっと違うかなと思います。

吉見　まったくないというのは、すごいですね。東大ですら、ＭＯＯＣｓは積極的に発信していますし、ＬＭＳのシステムもそれなりに使われています。

苅谷　基本的には、教育の主要な部分は個別に人対人で行い、学生生活に関わる事柄についてはユニバーシティーがネットを使って一元的にやるということです。授業以外での、たとえばメンタルヘルスのようなことや、セクハラやパワハラへの対応だったり、あるいは学生へのガイダンス的なことは一元管理でユニバーシティーのサイトで行っています。これは先生たちにあまり負担をかけないようにする仕組みで、教員も、ここにアクセスして、このインストラクションのウェブサイトでエッセーの書き方や引用の仕方を勉強して、テストを受けます。合格すれば修了の認定書を取り、それをどこどこに出してくださいということになる。大学側からすれば、そういうシステムをつくって、情報を与えておけばいい。

吉見　それぞれの先生は、個別案件への対応まではしなくていいわけですね。

大学とメディアのねじれた関係

吉見　今のお話で、オックスフォードが今でも中世の大学だということがよくわかりました。どちらがいいのかわかりませんが、東大とは非常に違いますね。

釈迦《しやか》に説法ですが、一二、三世紀にボローニャやパリから始まった大学がヨーロッパ全土に広がっていって、オックスフォードもその時代にできたわけですが、一六、七世紀以降になると、大学の力は衰えていって、一八世紀までには知的創造性を失います。大学に代わって近代の学知を生んだのは何よりも出版であり、アカデミーという新しい制度でした。ライプニッツにしてもデカルトにしてもパスカルにしても、彼らの知を支えたのは大学ではなく出版やアカデミーでした。これは知をめぐる劇的な革命で、この転換をつくったのは『グーテンベルクの銀河系』（マクルーハン著、みすず書房）、つまり印刷革命です。

一五世紀半ばにグーテンベルクによって発明された活版印刷は、一六世紀以降、爆発的にヨーロッパに広がり、同じ知識が何千、何万という単位で複製可能になります。何カ月もかけて大学のある都市まで行かなくても、関連する本を買い集めれば、必要な知識は得られるようになり、知識はもはや選ばれた学生たちに秘伝として伝えられるのではなく、本を買えば誰でもアクセスできる公開の時代に変わっていきました。

出版という新しいシステムによって、オックスフォードやケンブリッジなどのいくつかの例外は別として、中世的な大学秩序は衰退に向かったわけですが、この歴史的経緯から、大学とメディアはなかなか難しい関係にあることがわかります。ベネディクト・アンダーソンが言ったように、出版が深く媒介することによってラテン語以外の国民国家の言葉が成立していくと、出版知は、中世のキリスト教精神世界の統一性を壊し、まったく新しいナショナルな知のシステムをつくり上げる方向に働いたのです。インターネットによってそれとやや似たことが、二一世紀にも起こっているとは言えないでしょうか。

その後、一九世紀になるとプロイセンをベースにドイツのユニバーシティーが再構築され、この国民国家を基盤とした大学モデルが、アメリカも含めて全世界に普及していきます。アメリカの大学は、ドイツを追い抜くためにはどうすればいいかを考え、ジョンズ・ホプキンズ大学が最初にグラデュエートスクールを発明、MAやPh.D.という新しい権威づけの仕組みを発達させていった。このへんはごく一般的な大学史の基礎ですね。

苅谷　リースマンとジェンクスの『アカデミック・レボリューション』はそういう話ですね。その前のカレッジ型というのはイギリスの大学がベースですから。大学院の革命が起きるまで東海岸の大学はずっとカレッジ型で、しかも、けっして質は高くなかった。

吉見　ドイツ型とそれを変型させたアメリカ型が全世界に行き渡って今日に至るわけですが、今私たちが経験しているのはもう一つの情報爆発、新たなメディア革命であることは間違いありません。インターネットであれ各種のデータベース、さらにデータサイエンスであれ、情報や知識へのアクセシビリティーは革命的に変わってきています。こうして一六世紀に起きたことが、再び二一世紀に起こるとすれば、大学が知を独占することは、ますます不可能になっていきます。ネットメディアと大学は一応、共存していくでしょうが、両者の関係はそれほど良くはないのかもしれない、という気もします。

そういう中でメディアと大学の関係を見た時、日本の大学、あるいはイギリスの大学はどういう関係をメディアとの間に結んできたのかということを少し考えてみたいと思うのですね。それが、キャンパスの問題を単に空間だけではなく、メディアとの関係の問題として考えることになるのではないかというのが、本章の問題提起です。

苅谷　今の話の基本は、知識というものをどう考えるかということですよね。これは僕の印象だから、どこまで正しいのかわかりませんが、英語でナレッジ（knowledge）というと、抽象名詞で、単数形も複数形もない。要するに、一つの塊の概念なんです。

これはたぶんキリスト教と関係しているのではないかと考えていて、全知全能の神という観念と関係する。つまり、神はすべてを知っているわけで、ナレッジが究極的には神の知だとすると、人間がそこに近づこうとする時に想定されるナレッジはすべてを含んでいる。その神の知に近づこうとしてきたのが、西洋の学問だと考えることができる。

そういう一つの塊としてのナレッジと比べると、日本語の「知識」は個別的な知識も想定しています。よく「知識の詰め込み」という言い方をするでしょう？　でも、全知全能を前提としたナレッジだったら、人間の脳に詰め込めるはずがない。

フィロソフィーは「知を愛する」ということですが、それがなぜ知の追求になるかというと、ギリシャから始まったものにキリスト教が入ってきた時に、全知全能の超越的な存在を前提にした世界像が構築されたからだと思います。

吉見　わかります。

苅谷　印刷革命もデジタル革命も、知識を伝達する手段としてのテクノロジーが知というものをどう見るかということと関係していますね。オックスフォードがなぜ教育の現場で教える時にデジタルを極力利用しないようにしているかというと、知識の伝達とオックスフォードで行われているチュートリアルはそもそも目的が違うからです。日本語で言う「知識の伝達」は、講義などで十分可能です。けれども、オックスフォードのチュートリアルでやっている「知の形成」は、批判的思考力や、どうやってナレッジを再生産していくためのスキルをつけるかということで、実は、このスキルもナレッジの一部です。チュートリアルで教えているのは、いかに考えるかということですから、そのためには知識の内容は極端に言えばどんな学問からでもいい。だから、広く教えなくていいということになります。

紙媒体でもデジタルでも、読ませれば情報や日本語でいうところの知識の伝達になりますが、それを学生たちの頭の中でどうやって知として再構成するかというところを教えるんですから、これはMOOCsでは絶対できないとオックスフォードでは信じられているんですよ。だから、非効率と言われながらも、チュートリアルという形式を絶対にやめない。そこがアメリカの大学と差異化しているところですね。

グローバルな、まさにアカデミック・キャピタリズムの中で、なぜアメリカ人がわざわざイギリスに留学してオックスフォードに来るかというと、それは教育の形態が違うからです。中世も近代も現代も複雑にまぜこぜにした一種の少数者として生き残ったという特徴の中で、オックスフォードは自身の強みを現代的な意味として再定義していると言えます。

近代日本における知の基盤としての出版

吉見　それがオックスフォードの考え方なんですね。デジタル化、ネット化の流れに泰然と抗していく。オックスフォードらしい戦略ですが、どこの大学でもできるわけではない気もします。

他方、印刷革命の初期の頃はいい加減な本も多かったのが、だんだん校閲者や編集者といった出版の専門家も現れ、一七世紀から一八世紀にかけて、相当レベルの高い出版文化がヨーロッパに成立しますね。それを基盤に、ヨーロッパのブルジョワ階級に高度な読書文化が浸透していくわけですが、本を読むという習慣のこの広がりは、大学という空間をはるかに越えていきました。オックスフォードやケンブリッジの学生よりはるかに大量の読者が生まれ、彼らは本を読むことを通じて知にアクセスし、ものを考えて書くことを通じて知を生み出していったのです。つまり、近代に入ると、中世型の大学とは違ったかたちで、メディアとの接触を通じて新しい知を生成し、継承する場ができていったのです。近代日本でも、出版産業と読書文化は強いですね。

苅谷　ロナウド・ドーアが『江戸時代の教育』（岩波書店）という有名な著書で書いている

ように、日本は近世から識字率が高かったですし、出版文化もある程度成立していましたからね。

吉見　活版が入ってくる前の木版本の時代から、本を読んで書くという中でものを考えていく文化が、日本には根付いていましたね。これが、明治維新と日本の近代化を支えていたことは間違いありません。寺子屋があり、藩校がある。これは、現代の塾があり、大学があるという構図と連続的です。日本の大学は、ひょっとすると欧米のようなユニバーシティーなのではなく、今でも藩校なのかもしれない。この大衆的な読み書きの活動が明治に入ってますます盛んになり、出版と結びついた読書文化が日本人の知の生成活動の根底をなしてきたのです。ですから近代日本の知の基盤は、大学ではなく出版でした。

そうした出版文化の中で、近代日本の大学論の嚆矢である福沢諭吉の『学問のすゝめ』が出版されます。あの中で福沢は、「政府なんて信用できないんだから、当てにするな」「学問をベースにして民で立て」と私学を枢軸とした日本の大学教育を構想しています。この考え方は、後に森有礼《ありのり》が推進した帝国大学路線とは対極的ですね。それで彼は、民が知識をつくっていくために、「時事新報」をつくり、自著を出版し、慶應義塾をつくっていく。彼のアイデンティティーのベースは出版人、言論人ですが、慶應義塾はそれと表裏をなす私塾の近代版でした。洋学という西洋の知識を翻訳することによって新しい知の基盤をつくっていくという福沢の大学論は、大学と出版を見事にコラボレートさせます。

苅谷　当時の日本の近代理解を支えたのは、福沢の著書のような何十万部というベストセラーで、それだけの読者層がいたというのはすごいですよ。

パーツとしての知識の輸入

苅谷　福沢という人は当時最も西洋のことがわかっていた知識人でしたし、イギリス型の民主主義や社会設計が頭に入っていたから、慶應義塾はドイツ型の大学とは違うスタイルになったのだと思います。それに対して、明治政府が（東京）帝国大学というものをつくろうと考え始めた時、ドイツ型をモデルに、まさにキャッチアップのための大学を目指すんですね。知識というものが外在的にヨーロッパに存在しているという認識の下、帝国大学で教えるための外国人教員を呼び寄せたり、優秀な人材を外国に派遣してそこで学んだものを持ち帰らせたりするということが行われていきますが、これは、全知全能の知識観とはまったく違う知識観です。個別のものとして、役立つところだけを取り出して持って帰ることができるという知識観は、その後の東京帝国大学以外の帝国大学にも受け継がれていくことになります。

初等教育からの学校体系ということでは、国民国家の国民形成という意味合いがあるのでまた違う原理になりますが、少なくとも、その中ででき上がった知識観は、やはり帝国大学を中心にしたキャッチアップ型近代モデルの知識像だと言えるでしょう。

吉見 帝国大学のシステムは、国家が主導するキャッチアップ型の近代化とはいかなるものであったのかを、典型的に体現していますね。それは、帝国大学の成立過程を見れば明らかです。帝国大学という大学が最初からあったのではなく、いろいろな既にあった高等教育機関を天皇の権威の下につないで、帝国大学という大学校連合がつくり上げられていったのです。東大を構成する伝統的な学部は、それぞれ出自がまるで違いますね。

苅谷 しかも、省庁が持っていたでしょう？ 司法省はフランス人が教える司法省法学校を持っていてそれが後に法学部になり、工部省は工学部の前身の工部大学校を持っていて、これはスコットランドから先生を呼んでいますね。

吉見 農学部の原型をつくる駒場農学校はイギリスやアメリカの知識を輸入してというふうに、体系性よりも必要な知識がすべて揃っていることが重要だったのです。

苅谷 東大がオックスフォードのカレッジとユニバーシティーの関係とちょっと違うのは、

帝国大学とか東京大学という名前だけ冠したわけで、それでアドミニストレーションが統合されるわけがないんです。そういうところは、いまだに東大に残っていますね。

吉見　だから、東大はオックスフォードよりもさらに実質的な統合の度合いが弱い。

帝国大学における天皇制とキリスト教

吉見　日本の近代化にとって役に立ちそうな知識をパーツごとに取り入れ、それぞれの学部が全然別々の伝統を持っていても、とにかくそれら全体を、大学としてあたかも体系的な研究教育組織に見せていたのは天皇制です。東京帝国大学は、まず何よりも天皇制下の帝国の大学として存在していました。ですから安田講堂では、最も重要な場所として天皇のための貴賓室があり、大学の非常に重要な式典には天皇が臨席したわけです。今でも国会の開会式には天皇が臨席すると思いますが、東大の入学式とか卒業式は、かつては国会の開会式に準ずるくらい重要だったのですね。今では、想像もつかないことですが。

苅谷　天皇の臨席というのは、帝国大学にとって非常に重要だったんですよね。

吉見　ばらばらなものを天皇の権威の下に統合していくという発想で帝国大学を創設したのは初代文部大臣の森有礼です。彼はアメリカのプロテスタント系宗教コミューンにも加わっていたことのある、キリスト教の影響を深く受けた人物でした。その彼は、神の権威の下で信者が神の道具となるという構図を、天皇の権威の下で国民が天皇の道具となるという構図に移し換えていました。ですからある意味で、帝国大学ができた端緒からキリスト教はかなり重要だったと思います。異なる分野、パラダイムの知の統合に、天皇＝神という絶対的権威が有効に機能するのですね。もっと言うと、この天皇と神の等式の前提に、主君への絶対的服従というサムライ精神があった。ですから帝国大学は、武士道とキリスト教と天皇制が合体してできたものだとも言える。スーパーグローバル大学ならぬスーパー藩校ですね。このような大学観は、先ほどの福沢の民からのメディアとしての大学という発想とは根本的に異なっていました。

苅谷　社会学で言うと、イスラエルの社会学者、S・N・アイゼンシュタットが「軸（アクシアル）文明」という概念で議論をしているんですが、要するに近づきようのない超越的なものを前提とした世界像を構築している文化・文明を、軸文明と呼びます。それに対し、そういう超越的な存在となる機軸を持たない文化・文明を、アイゼンシュタットは日本に見出し、日本の文明は非機軸的だという定義をしているんです。ですが、日本でも、明治以後は天皇制というかたちで機軸をつくろうとした。キリスト教の機能的な代替物となり得る、道徳を権威づける道具として天皇を文明の「軸」として利用したわけです。伊藤博文が大日本帝国憲法をつくる時も、やっぱり同じ論理で天皇制をとらえていきますよね。

吉見　ただ、その後の帝国大学全体が天皇制の中にどっぷり浸《つ》かっていたかというと、違うような気がします。井上毅《こわし》らが起草した教育勅語にみられるように、天皇制がより強く現れるのは初等中等教育のほうで、大学生にもなれば既に天皇制に対するクリティカルな視点を持っていた。一九六八、六九年の東大紛争のはるか以前、昭和初めから帝国大学の学生たちはマルクスをよく読み、新人会も影響力を広げていました。

その一方で、東京大学の歴史を見ていくと、南原繁や矢内原《やないはら》忠雄のように、転換期にキリスト教が大きな役割を果たしています。戦後、帝国大学から東京大学に変わる時、この二人はキーマンだったわけですが、二人がキリスト教徒でなければ、アメリカとも連携しつつ戦後東大への転換を演出する芸当はできなかったはずです。アメリカは、その占領下の日本においてマルクス主義を排除しなければいけないとなった時、マルクス主義に対抗するだけのアクシアルな世界像を日本社会の中にみつけようとすると、結局、内村鑑三から新渡戸稲造、南原、矢内原と続く無教会派キリスト教しかなかったのだと思います。

苅谷　今のオックスフォードでは宗教性は非常に弱くなってきていますが、それでもそれぞれのカレッジにはチャペルがあります。かたちとして宗教性が残っているんです。実際にイギリス人が中心の学部学生の多くはキリスト教徒で、チャペルは特定の宗派に属していませんが、誰でもそこでお祈りができます。でも、少なくとも日本の大学では、ミッション系を除けば、そういう宗教性は表には出てきませんよね。

吉見さんは、実は見えないところでキリスト教的な考え方があったとおっしゃったけれども、英米の大学と比べると、キリスト教の基本的な概念をどれだけ日本の大学が持ち込んでいたかという点では疑問符がつく。東大の中にキリスト教を教える学科はないですよね？

吉見　もちろん、ないですね。日本の大学で神学部があるのは、上智のようなミッション系の大学だけです。

苅谷　オックスフォードには神学部が当然ありますし、ハーバードだってあるでしょう？ 南原や矢内原以外でも、キリスト教徒の人たちを通しての影響力は、特に戦後の東京大学においては大きかったと思います。でも、基本的には、いわば近代社会や国家を建設するための近代知を学ぶ工学部や法学部のようなところでは、道徳性をあえて見えないようにさせながら、その知をうまく体系化していったのではないかという気がします。

吉見　アクシアルな世界像が背景にないと学知の体系性を支えられないわけで、それでキリスト教を機能的に借りて、天皇制と重ねていた部分があります。でも、それは借り物でしかないので、諸分野の知が包括的に体系的なものとしてあるという感覚が薄く、どちらかと言うと個別的な知識を詰め込むほうにいってしまった。官僚になるために役に立つ知識を伝える、あるいは工学的な、医学的な、文学的な部分の知を伝える装置としての大学という感覚のほうが、日本人にはリアリティーがあったということでしょう。

近代日本における出版の爆発

吉見　結局、キャッチアップ型の近代の知の詰め込み装置であることから、日本の大学は抜けきれなかったのかもしれません。そうではない大学概念も、福沢の大学論をはじめいろいろあったのですが、十分には発達しませんでした。このあたり、苅谷さんがずっと問題にされている性悪説、つまり大学とは何かということが社会の中で定義されていないという近代日本社会の根本状況とつながっていますね。

苅谷　なるほど。そこは重要なポイントですね。

吉見　他方で、知識の体系的な世界性を志向し、それを現実に支えていた装置が近代日本に本当になかったのかというと、どうも違うような気がする。それは大学ではなく、むしろ出版だったんじゃないだろうか。近代日本では、大学よりも出版のほうが、ずっと横に広がる世界性を持って発達していったのではないかと思うのですね。

苅谷　出版ということで言うと、メディアとしての出版と、もう一つ、コンテンツとしての出版がありますよね。その爆発的に出版された時期の、特に教養的な本のコンテンツの大部分は文学全集にしろ百科事典にしろ西洋的知識の翻訳でした。そういう本の著者のバックグラウンドを考えると、要するに一つひとつの小さな塊として、外（海外）にある知識をうまくまとめながら日本語にしていくという意味での知識のコレクターであったわけで、それは大部分の日本の大学の文系の先生の役割だったと言えます。

重要なのは、海外の知識が日本語化されることによってマーケットが成立したということです。これほど多くの海外の思想やコンテンツを母国語で読める出版文化を持っている国は日本以外どこにもないでしょう。しかも、それは戦前から始まっている。大正期に中等学校の拡大があって、大学には行けなくても後に私立の大学になるような当時の専門学校に進んだような人たちが読者層になっていった。この読者層が、日本とは別の世界にきらきらした素晴らしい知の体系があるという幻想を持っていなければマーケットは成立しなかったし、原語で読めない人に対して、知のコレクターとしての翻訳者がいたということですよ。

これはすごく皮肉な見方ですが、つまり第五章のグローバル化の話と関係しているんです。なぜ日本の、特に人文社会系の学問が西洋文化のコレクターであり、紹介者であったかというと、自分たちのオリジナルが最初からあったのではなくて、あくまでも外に知の体系があって、それをコレクトし、学び、編集し、翻訳し、そして日本の読者に送り届けてきたからです。これは、大学でやっていることと実は似ているのですが、出版は大学よりずっとマーケットが大きくて、しかも大学に入り込めない膨大な読者がいたわけですね。

これは吉見さんの説への僕からの異論ですが、原点にある外側の知識をいかにして日本語化するかということが、近代日本の出版界が大きなマーケットをつくり出せた最大の理由ではないかと僕は思います。

翻訳という文化変容

吉見　今の苅谷さんのお話からいくつか議論すべき点があると思います。まず、近代日本の知識人が西洋の知識を翻訳した時、それは単なるつまみ食いした知識のコレクションであったのか、ということは少し検討してみる必要がある。

もう一つは、翻訳知の主要な担い手の多くが大学人だったとしても、彼らは大学の中で教えることよりも出版することにアイデンティティーを見出していたように見えます。このメビウスの帯的に逆転している構造をどう考えるか。

それから、この翻訳知を担った知識人たちが研究会を通じてかなりネットワーク化されていたことです。よく知られているのは明治文化研究会、唯物論研究会、思想の科学研究会などですが、それ以外にも岩波文化人と呼ばれたように、書店や出版社を媒介にした横のつながりがありました。つまり、個別にコレクションしていたというより、ネットワークでコレクションし、そのネットワークの中でお互いに議論し合う場がいくつもあったのが、近代日本の知的創造の特徴です。これらのことを考えると、大学が西洋の知をつまみ食いのようにして導入したというより、出版システムをベースに西洋の知が翻訳されていった仕組みはもっと複雑なんじゃないかという気がします。

苅谷　酒井直樹さんが言うように、翻訳自体が一つの文化的な変容を生み出すわけですね。それ自体は逆におもしろいところで、西洋圏でもフランス語から英語に訳したり、ドイツ語を英語にしたりという翻訳をたくさんしていますが、日本の翻訳は文化的な変容の度合いがそれよりもっと大きいのではないかと思います。それから、読者層の大衆性というか、マーケットが大きいので、量も全然違います。

少なくともコレクターであるということは、何に着目してコレクトするかという話ですし、コレクトしたものを標本としてどう見せるかということにコレクターの知識が媒介すると考えると、そこに翻訳という文化変容が入れば、これ自体がプロデュース（文化生産）になります。だから、その文化変容も含めたプロセスそのものは、日本の知を考える対象として非常に重要だと思います。翻訳者の中でも、単なる紹介者だったのか、あるいはもっとそれをコラージュして新しいものをつくり出したのかという濃淡はありますが、古くても本当に優れた翻訳は今でも読めますよね。

ただ、日本の翻訳者は文化変容を起こしたとしても、ゼロからつくり出す人たちではないので、オリジナリティーのある思想はいまだに出てきていないと思うんです。音楽の場合でいうと、僕らの世代はみんな洋楽に憧れてビートルズやローリング・ストーンズを聴いていたわけですが、それが日本的発展をして後にＪ－ＰＯＰができ上がってしまうと、もう洋楽を聴く必要がなくなっていったじゃないですか。洋楽というのが死語になった。

それと同じようなことが教養や知識で起きているかというと、やっぱり知識の生産の量がまったく違いますから、そうはなっていない。

そのことの問題は、大学人の出版という問題と関係していて、結局、大学人の業績として何が評価されてきたかということだと思います。今は日本の大学の評価基準もだいぶ変わってきたと思いますが、おもしろいのは、日本の場合、出版界における評価が一定程度大学人の評価に重なることで、これはアメリカやイギリスといった国ではあり得ません。いかに売れる本を書いても、社会学で言えば、「ＡＪＳ（American Journal of Sociology）」や「ＡＳＲ（American Sociological Review）」といったトップジャーナルに何本か論文を書いているほうがアカデミックな評価は上です。

これがもし英語圏であれば、オーストラリアやニュージーランド、カナダの学者たちがいくら外国の知識を翻訳して紹介しても、アカデミックなクオリティーとしてはほとんど評価されません。だから彼らは、英語でやっている以上、アカデミックに通用する論文を書くしかない。そうしなければ、イギリスやアメリカから来た学者に職を奪われてしまいます。

ところが、長い間言語的に守られていた日本ではそういうことは起きなかった。これは、日本の大学には、その人たちが書いたものが世界的に評価されなければそのポジションにつけないというマーケットが成立していなかったことを意味します。そうすると、日本の現実を説明するために実証的に研究するという方法とは違うアプローチを取ることになった。我々の上の世代の先生たちがそうであったように、社会学であればパーソンズやウェーバー、デュルケームのような人たちを学ぶことを通して、自分たちの社会学をつくっていくというふうになっていく。言語の壁によって、市場として保護されているということが日本の大学人の役割を規定し、同時に膨大な読者層が西洋思想や西洋文学への憧れを持っており、巨大な日本語のマーケットが成立したことによって、大学人は自分たちの役割と矛盾することなく出版ができたということでしょう。

二つめの、ネットワークの問題についてですが、論壇という言葉が示すように、あれは結局「壇」です。会員同士が一見対等なサークルのようで、実際はそうじゃなかったですよね。鶴見俊輔さんがリーダーだった思想の科学研究会は例外で、さまざまな研究会や学会のリーダーになるのは、やっぱり有力大学の教授というケースが多かった。ボス教授がいて、その周りに番頭さんみたいな教授が何人かいて、さらに若手がいるというような日本の大学の階層性を反映していた。出版物でも、いわゆる講座物や編著による教科書や編《へん》纂《さん》論文集などはそういうネットワークででき上がったものがけっこうありましたよね。

僕が問題にしたいのは、第五章で議論したようなグローバルな知の連続性に日本の大学人がつながっていけるかということです。能力のある人たちはどんどん海外へ出ていって、日本のことを研究しながらもちゃんとそれを海外の知につなげていくということが理想だと思いますし、僕自身も及ばずながら、そういうことを考えながらオックスフォードで仕事をしています。英語ができて、日本語の読み書きができる、特に読めるということはすごく有利な点であるわけです。けれども、もし日本語でベストセラーを出すほうがいいとなれば、外国語では書かない。日本の出版界の問題、出版界に向けた日本的な知の生産、そこにおける大学人のポジショニングの問題が悪循環になると、日本語という世界の中でどんどん閉じていってしまうのではないかという気がします。

日本の知が世界レベルだった半世紀

吉見　ですから、グローバル化ということ以前に、日本近代の歴史における出版と大学の関係の問題をもう少し議論しておく必要があると思います。
先ほども少し触れましたが、翻訳文化がベースにはなりますが、出版における知の創造と知の享受が頂点に達していた時期があって、これは第一次世界大戦後の一九二〇年代くらいに始まり、八〇年代くらいに終了します。戦争の時期を挟むものの、この約半世紀の日本の学知はある意味で連続的で、閉じてはいても、非常に爛熟《らんじゅく》した、深いものだったと思うのです。この半世紀間に日本の知識人たちが日本語ベースで、出版に支えられながら展開してきた知は、言語の問題を別にすれば、世界的なレベルだったと僕は思っています。

苅谷　十分、世界に通用したと思いますよ。戦前にも相当高い水準の研究があった。

吉見　日本の大学人たちが知の生産をしてこなかったわけではなくて、西洋知の翻訳を通してであれ、今から振り返れば、明らかに知の創造的な生産を、しかもかなり高度なかたちでしてきたのです。ただその回路が大学の教室ではなくて、出版市場を経由して知の生産をし、それを享受する読者層を発見してきたという面のほうが大きかった。

同時に、この時期は大学が最も批判された時期でもあります。といっても、この頃に大学が特に劣化したということではないんです。つまり、出版のパワーやレベルが上がってきたことによって、大学の限界がよく見えていたのだと思います。これに対して、今の大学は当時よりもだめになっているかもしれないのですが、一九六〇年代、七〇年代ほど批判されません。それはたぶん、出版も大学以上に弱くなっているからでしょう。出版には大学を批判するほどの力がもうまるでないし、これは回復する見込みもありません。

苅谷　それは読書人層が貧困になったということですか？

吉見　大学生ですら、今はもう本をほとんど読みませんからね。スマホしか見ない。

苅谷　僕らの頃は「積読《つんどく》」することが「読まなきゃ」というプレッシャーになってましたけれどね。

図書館が集積する積分化された知

苅谷　大学と出版ということで言うと、大学図書館についても触れる必要がありますね。図書館というのは本の集積体であって、それこそ出版によって積分化されたすべての知の蓄積が目に見える場所です。これは余談ですが、オックスフォード大学のボドリアン・ライブラリーは、イギリスの国会図書館にあたるブリティッシュ・ライブラリーと同じく、イギリスの出版物をすべて収蔵する義務があるようです。イギリスでそういう義務を負っている図書館は五つありますが、これもやはりオックスフォード大学が国民国家より先にできたものだという一つの証《あかし》であって、それだけの知の集積が大学の中にあるということです。東京大学の総合図書館だって、国会図書館を別とすれば、日本語で読めるアカデミックな本の蓄積という点では世界一でしょう。誰でもアクセスできるということを前提にして、日本人の知の生産が大学図書館に貯蔵されていることの意味は考えるべきだと思います。

最近は、学会で英語の雑誌を出したり、海外の学会で発表したりと、グローバルな知の蓄積をどうやってグローバルに使っていくかということが行われていますが、それはとても大事ではあるものの、どちらかと言うと最先端のところでしか勝負できないんです。しかも学問的な最先端ではなくて、流行の最先端だったりします。

吉見　インターネットやデジタル技術の拡大の中で、大きな流れとして見れば、大学図書館の役割は確実に拡大しているはずなのだと思います。

第一に、膨大な図書や資料のデジタル化が進むことで、その資料を全世界の大学の教室や路上でスマホを手にしている学生に向けて発信することができるようになった。コンテンツの流通問題が一挙に解消してしまったのです。

第二に、書庫からコンテンツが流出するだけでなく、本が一冊、まとまった単位としてあるよりも、異なる本のそれぞれの章を相互に参照させていくシステムをネット上に組みやすくなった。その結果、授業の中での図書館と教室の一体化が進みつつある。この基盤になっているのはLMSで、東大のLMSは図書館のシステムと別々ですが、ハーバードの場合、両者が結合し、新しいネットベースの学習環境をつくり出していました。

そして第三に、この結合の先で、図書館は今や学びと情報検索、教室とアーカイブ、異なる学問領域や異なるメディアがハイブリッドに交流するクロスロード的な空間になりつつある。いわば、知識基盤型社会の知的広場ですね。教室では、先生と学生という不均衡な関係が基本にあり、それを意図的にひっくり返す実験として、第二章で触れた「アタック・ミー!」のような授業実践もあったわけですが、図書館は今や、長らくそれが前提としてきた著者と読者の不均衡な関係を、さまざまな仕掛けでひっくり返すことが可能な実験的な場となっています。

苅谷　出版が行ってきた知の歴史的集積を大学が引き取るとするならば、いくつかの要素があって、一つは教育に活《い》かすということです。学生が自分の研究をする時に、過去のどの出版物にどうやってアクセスするかということを教育していく。もう一つは、今までと同じように日本の大学人が、日本語で日本人向けに知の生産を続けていくのか、それとも、これが三番目になりますが、今までの出版の成果、蓄積を引き受けながらも研究のスタイルを変えるきっかけが生まれてくるのか、ということですね。

　そして、今までと同じパターンで論壇や狭い学会のようなところで発信していくのか、それとももっと違う何かがあるのかということの三番目の問題は、大学の根幹である教育と研究における過去の知の蓄積の使い方を変えていくと思いますし、それが知の生産の様式を変えていけるかどうかということでしょう。啓蒙《けいもう》と言っていいのかどうかはともかく、ネットメディアによって知の分断が進む今の時代、大学人の役割は、学生を教えたり、アカデミックな知の生産をするということとは違うところにもあると思います。少なくとも大学という枠を超えた、読者というもっと広い人たちを目指した知の生産と伝達が非常に重要です。

吉見　これは、広い意味での出版的な知の世界とアカデミックな大学の知の世界の境界線の問題だと思います。たとえば、東浩紀《あずまひろき》さんや津田大介さんのように、大学の外に出て、インテレクチュアルな活動圏を拡《ひろ》げる人たちも出てきています。かつて全共闘世代のリーダーたちもやはり大学の外に出ていったわけですが、彼らはむしろ、大学と出版の微妙な境界線上にいるポジションをうまく生かしています。

日本の知を誰が背負うのか

吉見　今、出版の力は急速に弱まっています。かつて存在した巨大な読者マーケットは失われつつあり、もう出版を介して大学を批判することすら簡単ではなくなってしまった。

苅谷　知の生産や再生産をするのは大学だという定義自体は揺るがないと僕は思います。ただ、日本のようなキャッチアップ型の大学のあり方の特徴は、世界史的な意味でいう、大学と知の生産という関係とはちょっと違っていて、むしろ労働市場における労働力の価値をどうやって定義づけるかというクレデンシャリズム（学歴資格主義）にある。卒業生の質は学問的な知の生産とは切り離されているということですね。

天野郁夫先生の説では、日本では特に民間ビジネスでの採用における学歴主義化は、西洋に比べてもかなり早い段階で始まっており、近代大学の成立自体が学歴主義と結びついていたと言えます。つまり、日本の大学の役割の中心にあるのは、知の生産や知識人の生産よりも、ビジネスマン、あるいは世俗的な近代化の担い手の生産なんです。それは単に大学だけの問題ではなくて、労働市場の発達や産業化のペースなどとも関係しますが、日本の場合には、二〇世紀の初頭からそれが起こったということですね。

吉見　それは今でも続いていますね。近代日本の大学で、人材の育成と知の創造はずっと矮小化《わいしょうか》されてきたのではないでしょうか。確かに、官僚やビジネスマンや技術者といった人材の生産はしてきたし、期待もされてきましたが、その高度な人材の生産が知の創造と表裏なんだという認識は一貫して弱かった。

苅谷　大学の先生たちは学歴取得者としての学生を輩出すれば良いとなれば、大学の中での知の生産の役割というのは教育と結びつかなくていいわけです。そうすると、さっきから話に出ている出版との結びつきにおいて、もっと一般読者向けに自分の知の生産をしたほうがいいということになります。その生産自体は翻訳文化だったという問題は残りますが、少なくとも日本語圏では知の生産者として承認されていくわけです。けれども、そこで知識を求める読者層がいなくなってしまえば、日本型知の生産でさえ枯渇するようになっていくかもしれません。

逆説的なのは、出版というのは当然日本語の読者層を対象としていますから、さっきから言っている日本語の壁ということによって、世界に出ていかない独自の知を形成するんです。ある意味ではこれは豊かさとも言えますし、日本がこれから世界に貢献できる知の宝庫だと僕は思っています。自分たちが日本の大学で生産してきた知を背負って、日本の大学が出版界と一緒につくってきた知の体系にアクセスするとなった時、日本語ができるということが強みになるんです。海外の日本研究の拠点は蓄積された日本語の出版物にある程度依存していますから、それをどう使うかというのはチャンスなんですよ。そこから新しい知の体系を生み出していくポテンシャルも生まれていくと僕は思います。

たとえば僕がいるオックスフォードの現代日本研究所やハーバードのライシャワー日本研究所のように、非日本人に日本研究を教えたり、そこで実際に研究するという時、当然ながら日本語が読めないといけないわけです。その時、最初にとっつきやすいのは新書で、少し日本語を読める外国人学生にとってはすごくいい入り口になるんですね。これをたとえば英語でやろうとすると、最初からアカデミック・ペーパーを読ませるしかなくなってしまうと考えると、この日本語出版文化の間口の広さは大きな利点ですね。

吉見　それは、英語化しなくていいということではありませんね。

苅谷　そうです。なぜ英語化が必要なのかということが重要なんです。

吉見　かといって、突然、「全部英語にします」と発信しようとしても、先行する韓国や香港と同じ土俵に乗ることになるだけです。彼らの英語能力は日本の研究者の平均レベルよりだいぶ上ですから、かなうはずがありません。しかし、過去一五〇年間、ある時は西洋への窓であり、またある時は帝国であり、またコンタクトゾーンでもあった日本の経験は、知的な意味で、世界史的に特異なものです。大学には、その特異な知の歴史が未来への資源として蓄積されています。

苅谷　今回のような議論をする時は、とかく今起こっている事象だけに着目しがちですが、やはり歴史と比較という二つの軸を持つことは必要だと思います。これまで述べてきたような日本の歴史的文脈や文化的文脈を踏まえるならば、今さらグローバル競争に乗っかってランキングを上げるだけというのではなく、より日本的なやり方でうまくいく方法を探したほうがいい。

確かに、日本は欧米に比べれば後発型の近代社会です。ただ、僕の同僚のヒュー・ウィットカー教授の研究によれば、後発型の中にも、早期後発型と後期後発型があるというんです。日本は早期後発型で、明治期の日本の近代化にしても、ある現象においては欧米とほとんど同じ時期に起きていたりしますし、実態レベルで見ると、どこまでがキャッチアップであったのかというのは、反証できるところもたくさんあります。一九四五年までの日本の近代化が持つ負の側面は非常に大きいということは否定しませんが、ある時まで、日本というアジアの中の近代化した社会は、近隣諸国からすれば、きらきら光って見えていたと思います。当時のアジアの知識人たちは西洋の知を原語からではなく日本語の翻訳を通して学ぶことも多かったですし、さまざまな政治的リーダーや文化人が日本に留学していたのは、それだけ日本語の文献の厚みがあったということです。

一方、韓国や中国、シンガポールなどは、後期後発型の近代社会ですから、近代化の初期の時点でグローバル化の波をもろにかぶらざるを得ませんでした。韓国の大学の例で言えば、毎年何本かずつ英語で論文を出さないと評価が落ちてしまうというシビアな状況があるそうです。そうすると、結局、自分たちの言語よりも英語で発表するようになる。後期後発型の韓国や中国やシンガポールの大学は、英語帝国主義ができ上がっている中で世界の舞台に登場しなければならなかった。それに対し、日本は下手すれば一〇〇年以上、母語だけで研究教育をする余裕があったと言えるでしょう。だから、日本語の文化や知を生産するところまで成熟することもできたのだと思いますし、それは大学が優れた出版文化と結びつくことで生まれたのだと思います。そして、このことは、皮肉にも、戦前はナショナリズムや帝国主義と結びつき、日本の大学のある特徴を性格付けし、それが今のグローバル化の遅れに結びつくというふうにつながっていきます。

最近僕がたどりついたのは、ポスト・キャッチアップ近代という概念です。日本語と西欧語という二重言語の中で、日本の現状がかえって、英語化が難しく、その意味で世界の周辺に取り残されている。ただし、学問における言語の問題を考えていくと、大学ってもともとそういうところだったわけです。ラテン語という共通言語はあったけれども、ラテン語ネイティブという人はいなかった。そこで誕生した学問にその後持ち込まれたのはそれぞれの国の文化や歴史、母語だった。そうやって西洋の大学も近代以後発展してきた。そうした大学の原点に戻ると、ローカルな文化や言語が持つ強みというものは、やはりあるのだと思います。それを簡単に切り捨てて、グローバル化だから英語化だと一足飛びに行ってしまうのはかえって危険なのではないでしょうか。

大学の時間はどこにあるのか

吉見俊哉

東大に入る最も簡単な方法は、犬を連れて赤門をくぐることだと誰からか聞いたことがある。別に犬は連れていなくてもいいのだが、赤門をくぐりさえすれば東大内に入ったことにはなる。そんなわけで、赤門前は毎日、夥《おびただ》しい数の観光客が往来している。他方、東大に入るのに最も難しい方法は、学部入試に合格して入ることらしい。こちらの入学では、合格者の人生のキャリアの中に東大生であった数年間が記載されることになる。

前者の場合、キャンパス内で経験されるのは、観光や散歩といったキャンパス外の延長線上の時間である。後者の場合でも、学生時代が人生上のキャリアというだけのものならば、外部の企業社会や役人人生の手前の経路として大学の時間があることになる。

大学の時間は、本当にそのようなものなのだろうか。苅谷さんとの対話の四日間を存分に楽しみ、オックスフォード大学のカレッジを案内してもらいながら感じたのは、この大

オックスフォード市内のウッドストック・ロード。左の建物は学生に人気のパブ、ロイヤル・オーク

学のキャンパスには、今もキャンパスの外で流れるのとは別の時間が厳然と実在していることだった。そうした固有の時間が実感されているからこそ、大学は今日のアカデミック・キャピタリズムのサイクルに拮抗しつつ、創造的な知の形成を重ねていくことができる。

つまり大学は、ある種の結界なのである。もちろんそれは、宗教的な意味での聖域とは異なる。大学は神に祈る場ではなく、知を探究する場である。しかしそれでも、大学に聖域性がないわけではない。大都市から遠く離れて多くの学生が寮で暮らす大学なら、昔の修道院ではないが時が自然に結界されている。街中の大学ならば、地理的な結界が判然としなくても、入学式や卒業式、大学祭等によって結界を張る。大学教授とはその結界の彼岸にいる遊行者であり、その「当たり前ではない」何かに人々が反応することは、大学にとって根幹的な価値である。

一九三〇年代、ライデン大学学長だったヨハン・ホイジンガは、迫りくるナチズムを前に、人間の自由を求める名著『ホモ・ルーデンス』を執筆した。彼の主張を敷衍《ふえん》するならば、自由の根幹は遊ぶことにあり、この遊びの時間の中にこそ大学の学びの時間の根幹もある。大学教授とは、誰よりも深く「遊ぶ人」でなければならず、学生もまたしかりである。大学のキャンパスは、そうした意味で「遊び場」でなければならない。

日本の大学から、今、一番失われているのは、この遊ぶ時間ではないか。コンプライアンス、ワーク・ライフ・バランス、インスティテューショナル・リサーチ等々、カタカナを組み合わせた言葉が会議で踊る。大学の使命は、本当にそうした管理の網目で作動する時間に適合することなのか。断じて、そうではないはずだ。大学の魅力と学問への信頼は、社会に上手に適合すれば得られるものではない。むしろそんな社会から悠々と跳躍する力が知に求められる。大学が遊びに満ちた結界であることは、ますます必要なのである。

おわりに

苅谷剛彦

クエスチョンマーク付きとはいえ、『大学はもう死んでいる?』と、「死」という字の入ったタイトルの本書を手に取った読者は、危機に瀕する大学というイメージを持ったに違いない。確かに、本書の随所で、日本を含め大学が直面している困難や限界が語られる。改革にあえぎ続ける大学の疲弊、どれだけ改革を続けてきても良くなったようには見えない大学の停滞、グローバルな競争に晒《さら》される中での大学の変化・不変化――確かに大学はもう死んでいるのかと疑問を投げかけたくなるほど、大学という問題の根は深い。だが、はたして「大学の死」という例えは、何を意味しているのか。

一二世紀に誕生し、その後、八〇〇年以上の歴史を経ながら、幾度も危機を乗り越え、その都度、自らを変貌させつつ生きながらえてきたオックスフォードという大学に勤めてきた私から見ると、不死とは言わないまでも、大学という人類が発明した知の生産・再生産の仕組みのしぶとさ――resilienceを否定できない。同じく中世に誕生したヨーロッパの他の大学に比べても、二一世紀に至ってもなお世界中から人を引きつけて止《や》まないこの根強さはどこから来るのか。

本書でも論じたように世界の大学が人文系の危機を迎える中で、この大学は、近代の大学史上、人文系学問に対する最大の寄付（一億五〇〇〇万ポンド）を得て、人文学の復活に挑もうとしている。とはいえ、旧来の人文学にそのまま投資が行われるわけではない。ＡＩによって、世界が、人々の生活が、大きく変わることを踏まえた時に、ＡＩと倫理の問題をどう考えるか。こうした問題をはじめ、哲学や文学、歴史学といった人文学の知の重要性が増している。猛威を振るうグローバル・キャピタリズムが招来した難問に、倫理や、規範、政治的判断といった価値の領域を踏まえてどのように立ち向かっていくか。未来を指向しつつ、人類が積み上げてきた知の再生によって、難題に挑むための投資である。

このニュースは、吉見さんとの対談を終えた一カ月後の二〇一九年六月に発表された。日本でどれだけ報道されたかはわからないが、英語圏では、大学をめぐる大ニュースの一つであった。グローバル・キャピタリズムやグローバル・メリトクラシーが勢いを増す渦中にあって、それらの制御を可能にする知の再生を大学が引き受けようとしている。ここには近代国民国家の枠を超えて、人類の問題を解決しようとする大学の姿、志がある。理系・文系の対話を喚起しつつ、人文系学問にてこ入れしようというのである。

これを見ると、大学の役目は簡単には終わりそうにない。知の蓄積には、従来の知識の上にさらに新たな知を生産しようとする人々が集ってくる、そうした人の集中が含まれるからだ。ＩＴ技術が発達したとはいえ、人と人とが実際に同じ時間と場所を共有しつつ行う知の交流や交換には、新しい思考を喚起する力が備わっている。面と向かって論じることに意味があるからだ。少なくとも、この大学ではそのように信じられている。だからいまだに手間も時間もかかるチュートリアルが行われているのだ。

面と向かって論じ合う知の交流は、今回の吉見さんとの対談でもいかんなく発揮された。対談（私にとっては対論という印象が強い）を本にするということを、私はこれまであまりしてこなかった。書くという行為を通じて、自分の思考と向き合うことが考えを深める上で重要だと思ってきたからだ。口頭でのコミュニケーションによって刺激を受けることはあっても、それをもう一度自分の言葉で引き取ってじっくり確認することが、思考だと思ってきた。だが、対談・対論の知的生産性は、相手と、テーマと、その議論が行われる時間・場所に依存する。そのことを今回改めて体感できた。それは吉見さんの見識の広さ、深さに対面することで、自分の考えを思う存分にぶつけることができたということに留まらない。対面しながらの議論は、思わぬ発見をもたらすということにも終わらない。

大学や学問に対する互いの思いのような、あえて言えば感情レベルにまで及ぶ「熱さ」を体感することは、文字（書物）を通してはなかなかできない。IT技術でも不可能だろう。それを四日間に及ぶオックスフォードでの対論が可能にした。仕事のあとで、行きつけのパブでブリティッシュ・エールを酌み交わした時間が、さらにそれを豊かにしたことは言うまでもない。クールヘッドで大学の問題点を語り尽くしたすえに到達した地点である。冷静で論理的な議論の中に潜む、吉見俊哉という大学人の熱さに、感動さえ覚えた。

こういうエモーショナルな部分を含む知の交流、人と人との出会いが、教育や学問の根底にはある。それが魅力的なのは、「楽しい」からだ。そうした知の交流・交換の場を提供できるところに、大学の強味がある。次の世代を組み込んだ、知の生産・再生産の場であるからだ。

大学を死なせてはならない。そのために何が必要か。それを考え、行動に移す手がかりが本書には含まれているはずだ。そしてその手がかりが、新たな知の交流を生み出していくことを望んで止まない。それを求める人々がいる限り、大学は簡単には死なない。

構成／加藤裕子
コラムデザイン／ＭＯＴＨＥＲ

苅谷剛彦（かりや たけひこ）

一九五五年、東京都生まれ。オックスフォード大学教授。専門は社会学、現代日本社会論。著書に、『追いついた近代 消えた近代――戦後日本の自己像と教育』ほか多数。

吉見俊哉（よしみ しゅんや）

一九五七年、東京都生まれ。東京大学大学院情報学環教授。専門は、社会学、都市論、メディア論など。著書に、『大学とは何か』『「文系学部廃止」の衝撃』ほか多数。

集英社新書一〇〇六E

大学《だいがく》はもう死《し》んでいる？ トップユニバーシティーからの問題提起《もんだいていき》

二〇二〇年一月二二日 第一刷発行
二〇二〇年二月一八日 第二刷発行

著者……苅谷剛彦《かりやたけひこ》／吉見俊哉《よしみしゅんや》

発行者……茨木政彦

発行所……株式会社集英社
東京都千代田区一ツ橋二―五―一〇 郵便番号一〇一―八〇五〇
電話 〇三―三二三〇―六三九一（編集部）
〇三―三二三〇―六〇八〇（読者係）
〇三―三二三〇―六三九三（販売部）書店専用

装幀……原 研哉

印刷所……凸版印刷株式会社

製本所……ナショナル製本協同組合

定価はカバーに表示してあります。

 ISBN 978-4-08-721106-1 C0237 Printed in Japan

a pilot of wisdom

教育・心理――E

感じない子ども こころを扱えない大人　袰岩奈々
レイコ＠チョート校　岡崎玲子
大学サバイバル　古沢由紀子
語学で身を立てる　猪浦道夫
ホンモノの思考力　樋口裕一
共働き子育て入門　普光院亜紀
世界の英語を歩く　本名信行
かなり気がかりな日本語　野口恵子
人はなぜ逃げおくれるのか　広瀬弘忠
悲しみの子どもたち　岡田尊司
行動分析学入門　杉山尚子
あの人と和解する　井上孝代
就職迷子の若者たち　小島貴子
日本語はなぜ美しいのか　黒川伊保子
「人間力」の育て方　堀田力
「やめられない」心理学　島井哲志
「才能」の伸ばし方　折山淑美
演じる心、見抜く目　友澤晃一
外国語の壁は理系思考で壊す　杉本大一郎
〇《まる》のない大人 ×《ばつ》だらけの子ども　袰岩奈々
巨大災害の世紀を生き抜く　広瀬弘忠
メリットの法則 行動分析学・実践編　奥田健次
「謎」の進学校 麻布の教え　神田憲行
孤独病 寂しい日本人の正体　片田珠美
「文系学部廃止」の衝撃　吉見俊哉
口下手な人は知らない話し方の極意　野村亮太
受験学力　和田秀樹
名門校「武蔵」で教える東大合格より大事なこと　おおたとしまさ
「本当の大人」になるための心理学　諸富祥彦
「コミュ障」だった僕が学んだ話し方　吉田照美
TOEIC亡国論　猪浦道夫
「考える力」を伸ばす AI時代に活きる幼児教育　久野泰可
保護者のための いじめ解決の教科書　阿部泰尚